四川历史名人丛书

传记系列

薛涛传

谢天开－著

天地出版社 | TIANDI PRESS

四川历史名人（第二批）丛书
编委会名单

四川历史名人（第二批）丛书总序

——传承巴蜀文脉，让历史名人"活"起来

文化是民族的血脉。文化兴国运兴，文化强民族强。

党的十八大以来，习近平总书记以政治家的战略眼光，以唯物主义的科学态度，从中华文化的思想内涵、道德精髓、现代价值和传承理念等方面多维度、系统化地阐述了对待中华文化的根本态度和思想观点。他将中华优秀传统文化提升到"中华民族的基因""中华民族的根和魂"的崭新高度，指出"一个国家、一个民族不能没有灵魂"，要"加强对中华优秀传统文化的挖掘和阐发"，努力实现传统文化的"创造性转化、创新性发展"。

中华文化源远流长，积淀着中华民族最深沉的精神追求，是中华民族独特的精神标识，为中华民族生生不息、发展壮大提供了丰厚滋养。与古印度、古埃及、古巴比伦文明相较，中华文明至今仍然喷涌和焕发着蓬勃的生机。四川作为中华文明的重要发源地之一，历史文化源通流畅、悠久深厚。旧石器时代，巴蜀大地便有了巫山人和资阳人的活动，2021年公布的全国十大考古发现之一的稻城皮洛遗址，为研究早期人类迁徙提供了丰富材料。新石器时代，巴蜀创造了

独特的灰陶文化、玉器文化和青铜文明。以宝墩文化为代表的古城遗址，昭示着城市文明的诞生；三星堆和金沙遗址，展示了古蜀文明的不同凡响；秦并巴蜀，开启了与中原文化的融通；汉文翁守蜀，兴学成都，蜀地人才济济，文风大盛。此后，四川具有影响力的文人学者，代不乏人。文学方面，汉司马相如、王褒、扬雄，唐陈子昂、李白、薛涛，宋苏洵、苏轼、苏辙，元虞集，明杨慎，清李调元、张问陶，现当代巴金、郭沫若等，堪称巨擘；史学方面，晋陈寿、常璩，宋范祖禹、张唐英、李焘、李心传等，名史俱传；蜀学传承，汉严遵，宋三苏、张栻、魏了翁，晚清民国刘沅、廖平、宋育仁等，统序不断，各领风骚。此外，经过一代代巴蜀人的筚路蓝缕、薪火相传，还创造了道教文化、三国文化、武术文化、川酒文化、川菜文化、川剧文化、蜀锦文化、藏羌彝民族文化等，都玄妙神奇、浩博精深。瑰丽多姿的巴蜀文化，是中华文化的重要组成部分，是四川人的根脉，是推动四川文化走向辉煌未来的重要基础。记得来路，不忘初心，我们要以"为往圣继绝学"的使命担当，担负起传承历史的使命和继往开来的重任，大力推动巴蜀文化的传承、接续与转化，让巴蜀文化的优秀基因代代相传。

"四川历史名人文化传承创新工程"是深入贯彻习近平新时代中国特色社会主义思想，践行"两个结合"，推动中华优秀传统文化创造性转化、创新性发展的生动实践。自2016年10月提出方案，2017年启动实施，推出首批十位四川历史名人，彰显了历史名人的当代价值，推动了中华优秀传统文化传承发展。2020年6月，经多个领域权威专家学者的多次评议，又推出文翁、司马相如、陈寿、常璩、陈子昂、薛涛、格萨尔王、张栻、秦九韶、李调元等十位第二批四川历史名人。这十位名人，从汉代到清代，来自政治、文学、思想、教育、科学、史学等领域，和首批历史名人一样，他们是四川历史上名人巨匠的杰出代表，在各自领域造诣很高，贡献突出：文翁化蜀兴公学，千秋播德馨；相如雄才书大赋，《汉书》称"辞宗"。陈寿会通古今写三国，并迁双固创史体；张栻融合儒道办书院，超熹迈谦新理学。薛涛通音律、善辩慧、工诗赋，女中豪杰；格萨尔王征南北、开疆土、安民生，旷世英雄。陈子昂提倡兴寄风骨，横制颓波，天下质文翕然一变；李调元钟情乡邦文献，复兴蜀学，有清学术旗鼓重振。常璩失意不愤，潜心历史、地理、人物，撰《华阳国志》，成就中国方志鼻祖；秦九韶在官偷闲，精研天文、历律、算术，著《数书九章》，站上世界数学顶峰。

　　"四川历史名人丛书"的编纂出版，是深入贯彻落实中央《关于加强和改进出版工作的意见》和中办、国办《关于推进新时代古籍工作的意见》精神，推动四川出版高质量发展的重大举措，是传承巴蜀文明、建设文化强省、振兴四川出版的品牌工程。其目的是深入挖掘历史名人的思想精髓，凝练时代所需的精神价值，增强川人的历史记忆，延续中华文化的巴蜀脉络，推动中华文化传承创新，为实现中华民族伟大复兴提供精神力量。

　　"四川历史名人丛书"的编纂出版，始终坚持正确的政治方向、出版导向、价值取向，深入挖掘名人的精神品质、道德风范，正面阐释名人著述的核心思想，借以增强川人的文化自信，激发川人了解家乡、热爱家乡、建设家乡的澎湃力量；始终坚守中华文化立场，着力传承中华文化的经典元素和优秀因子，促进人民在理想信念、价值理念、道德观念上团结一致；始终秉承辩证唯物主义和历史唯物主义观点，用客观、公正、多维的眼光去观察历史名人，还原全面、真实、立体的历史人物，塑造历史名人的优秀形象，展示四川文化的独特魅力，让历史名人文化为今天的社会发展提供精神动能。

"四川历史名人丛书"的编纂出版，注重在创新上下功夫，遵循出版规律，把握时代脉搏，用国际视野、百姓视角、现代意识、文化思维，将思想性、知识性、艺术性、可读性有机结合，找到与读者的共振点，打造有文化高度、历史厚度、现代热度的文化精品，经得起读者检验，经得起学者检验，经得起社会检验，经得起历史检验；注重在质量和水平上下功夫，立足原创、新创、精创，努力打造史实精准、思想精深、内容精彩、语言精妙、制作精美的文化精品，全面提升四川出版的知名度和美誉度，为建设文化强省、助推治蜀兴川再上新台阶提供思想引领、舆论推动、精神鼓励和文化支撑，为增强中华文化影响力贡献四川力量。

四川历史名人（第二批）丛书编委会

2022年4月5日

美女妖且閑採桑岐路
閑柔條紛冉冉落葉何

翩翩擢袖見素手皓腕
約金環頭上金爵釵腰
佩翠琅玕明珠交玉體
珊瑚間木難羅衣何

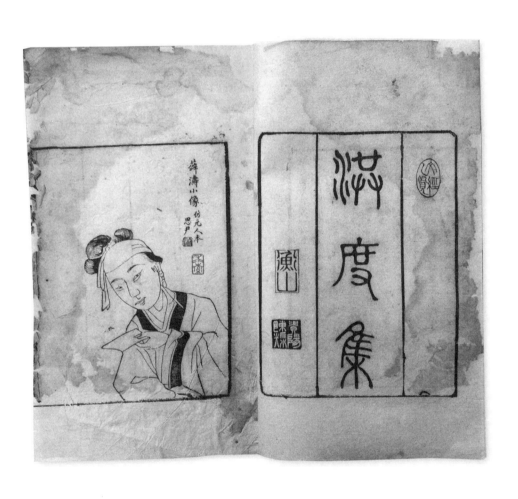

游廬集

目录

篇
一

南北鸟

初春，成都薛家院子，青瓦粉墙，素雅如画。院子天井中一棵梧桐树，有些年深了，树干斑驳，树叶浓密。梧桐树下一老一小，闲坐在成都的春风里。老父亲薛郧讲解着李白与杜甫的成都诗，小女儿薛涛听得专注。薛氏一家三口，离开长安，来成都，也有这两位诗人的影响。

一、在成都

九天开出一成都，千户万门入画图。

草树云山如锦绣，秦川得及此间无。

——李白《上皇西巡南京歌十首》其二

诗仙李白大话成都的声音，是唐都长安城人都晓知的。因为当时李太白的名气太大，他做过翰林供奉。

细说成都的声音，为诗圣杜甫。但在当时杜子美的名气太小，盛唐的唐诗选本《河岳英灵集》中有李白、高适、孟浩然等人的诗，却没有杜甫的。然而在西川成都，杜诗多有流传。

春夜喜雨

好雨知时节，当春乃发生。随风潜入夜，润物细无声。

野径云俱黑，江船火独明。晓看红湿处，花重锦官城。

初春，成都薛家院子，青瓦粉墙，素雅如画。院子天井中一棵梧桐树，有些年深了，树干斑驳，树叶浓密。梧桐树下一老一小，闲坐在成都的春风里。老父亲薛郧讲解着李白与杜甫的成都诗，小女儿薛涛听得专注。薛氏一家三口，离开长安，来成都，也有这两位诗人的影响。

此刻，薛郧心情相当惬意，他很得意自己当初的选择正确。

回想唐玄宗天宝年间，如《新唐书卷·食货一》所述："是时，海内富实，米斗之价钱十三，青、齐间斗才三钱，绢一匹钱二百。道路列肆，具酒食以待行人，店有驿驴，行千里不持尺兵。"

天下太平，春光艳阳，家给户足，国富民康，四夷来朝，海内晏然。

同朝人杜佑在《通典·食货七》中自诩道："圣唐之盛，迈于西汉。"

可是没有人想到大唐的天空，猛可间，电闪雷劈，骤然狂乱，金瓯破碎，哀鸿遍野。

从安史之乱爆发至结束的八年间，天下户口，三耗其二。唐玄宗天宝十四年（755年），即安禄山起兵反唐的那一年，大唐帝国全国人口约为五千三百万；到了唐代宗广德元年（763年），其人口却下降至不到一千七百万了。

寰宇凉热不同。在安史之乱后，唐帝国的南方各区的如苏州、武昌及成都，人口却有所增加。可见在安史之乱中唐帝国所伤耗的三千万人口，全为原居黄河流域以及淮水南北地区的民户。

《旧唐书》卷一百二十三记述："函、陕凋残，东周尤甚。过宜阳、熊耳，至武牢、成皋，五百里中，编户千余而已。居无尺椽，人无烟爨，萧条凄惨，兽游鬼哭。"安史之乱后，藩镇割据、宦官专权、朋党之争成为唐朝社会三大祸害，唐王朝从此风雨飘摇，盛世不再。

唐都长安所在的关中，虽号称沃野，然其土地狭，所出不足以供给京师，为备水旱，故常转漕东南之粟。

唐代宗广德二年（764年），"是秋，蝗食田殆尽，关辅尤甚，米斗千钱"，又加之"时新承兵戈之后，中外艰食，京师米价斗至一千，官厨无兼时之积，禁军乏食，畿县百姓乃捋穗以供之"。就是让京郊百姓揉搓麦穗以供给城中禁军。

由于度支困窘，为共克时艰，长安朝廷接连下达了《减京畿官员制》《减京兆尹已下俸钱制》两份文件。

《减京畿官员制》记述：

……则官称其事，禄当其秩。……今连岁戎旅，天下凋瘵，京师近甸，烦苦尤重。比屋流散，念之恻然。人寡吏多，困于供费。……且京畿户口减耗太半，职员如旧，何以堪之。

《减京兆尹已下俸钱制》记述：

……其京兆府官及县官月俸，除正断外，不得辄有增加。

《减京兆尹已下俸钱制》，是由当朝丞相常衮署名下达的。

常衮（729—783），大历十二年（777年），拜相。常衮性狷洁，不妄交游，以清自俭贤。文采赡蔚，长于应用，为政苛细崇尚节俭，反对腐败，誉重一时。《旧唐书》卷一百一十九记述："衮颇务苛细，求清俭之称。"

薛郧或为户部下属的仓部的仓监小职员。唐朝户部仓部设郎中、员外郎各一人，掌天下粮储、出纳租税、禄粮、仓廪之事。

为了鼓励官员由京官转为外官，当时政策为，俸禄薄京官而厚外官。于是在穆穆沉沉离忧之际，薛郧选择了率全家入蜀到成都定居。

兵戈初止，长安米贵；岁月静好，成都天府。如此选择，当然也与薛郧的职业相关，他很早就晓知成都为天府之国中心。东晋常璩《华阳国志·蜀志》就曾记述：

于是蜀沃野千里，号为"陆海"。旱则引水浸润，雨则杜塞水门，故记曰："水旱从人，不知饥馑，时无荒年，天下谓之'天府'也。"

由此可以推测薛郧一家入蜀时间，应该是在大历十二年（777年）。

明代陶宗仪《说郛》记述：

蜀妓薛涛，字洪度，本长安良家子。父郑，因官寓蜀。

薛涛的成都生活开始了，此时她刚满八岁。

二、井梧吟

暮春风起，落红堆积着慵懒与感伤，春阳弦动在树叶之上。

薛郧面容枯瘦，目光柔和，持一把西蜀特有大蒲扇子，白晃晃地摇着。西蜀特产竹椅子，油亮亮的，身子稍微一动，那竹椅子就会发出"咿咿呀呀"的声气，似知足，似又不知足的样子。

薛郧无子，只一女，名薛涛，字洪度。一听这姓名，便晓得是女孩子当男娃儿养的。

"遂令天下父母心，不重生男重生女。"这是后来翰林承旨大学士白居易的《长恨歌》中的诗句。却说薛郧抵达成都时，白居易才五岁，《长恨歌》还要等三十年才创作出来。然而杨贵妃在唐明皇那里得宠，杨氏一门鸡犬升天、飞黄腾达的故事，早已是家喻户晓的。

此时此刻，薛郧的目光闪烁着爱怜，又溢满希望。他晓得自己的女儿聪明无比，口齿伶俐，在对话之时，有时反应快得令人目瞪口呆。

八岁的薛涛，一开口便是："吾以为子曰远不如诗曰。"

为父亲的薛郧亦认为甚有道理，因为"子曰"便是孔圣人说，"诗曰"便是《诗经》的句子。

做女儿的薛涛摇头晃脑，一本正经地解释道：

子曰：兴于诗，立于礼，成于乐。

子曰：不学诗，无以言；不学礼，无以立。

子曰：小子！何莫学夫诗，诗，可以兴，可以观，可以群，可以怨。

……

连珠炮似的言语，让薛郧除了不胜惊讶，还是惊讶不胜。

梧桐树上，此时飞来数只画眉鸟，让薛郧的心为之动，闭目，开眼，招了招手。

本来在看天看云看树看鸟的薛涛，笑嘻嘻地跑至爹爹的跟前，她等着爹爹指示，她晓得爹爹又要同她对诗了，她等着呢。

薛郧动了动身子，坐着的竹椅咿咿呀呀地响了起来，他平平地指了指那棵梧桐，又高高地指了指天上流云，嘴角抿了抿，一字一句地起吟道：

庭除一古桐，耸干入云中。

小薛涛晃动双环总角发髻，同样也平平地指了指那棵梧桐，又高高地指了指天上流云，抿了抿嘴角，一字一句地对吟道：

枝迎南北鸟，叶送往来风。

这两父女对诗的神情与姿态，如出一辙，只是声音不同：一个苍哑，一个响脆；一个泥缓，一个风快。

"还在那里等啥子，桌子上的碗筷都摆好了，涛儿快来吃晌午了！"

薛涛的母亲用长安腔调的成都话叫唤着。

"好的！"

薛涛飞奔而去。

"枝迎南北鸟，叶送往来风。"

老父薛郧喃喃地在心里反复地咀嚼着小女薛涛的诗句。

一桌子的南瓜、苦瓜、丝瓜，这些时鲜的菜，不晓得是如何吃完了的。

吃完一桌子的瓜菜后，薛郧走到了门外，将那竹椅挪了挪，按例他要小睡一会儿。

看来今儿这午间的瞌睡睡不着了，薛郧斜斜地看着天、云、树，心头不晓得在浮想着什么。

"枝迎南北鸟，叶送往来风。"

薛涛长大会做哪一行呢？教坊，青楼，鬻餐，鬻茶，绩布，卖履……猜不着啊。

薛氏一族流落到蜀中，眼前就只是薛郧一家三口人，左右无关照啊。前思后想的薛郧长长地叹了一口气，摇着头，老眼昏花，怔怔地望着那一棵苍老的梧桐树，还有树顶上懒懒的春阳。

忽然，无端一阵旋风吹过来，扯卷起一炷香高的乱叶杂草尘埃。"砰"地从梧桐树上坠下一只小鸟，引来数只鸟吱吱喳喳，企图护救。惊得薛郧起身，站了起来。薛涛跑上去看，是一只画眉鸟，眼珠晶亮，脚爪蜷曲，不晓得为何从树梢坠落下来。她小心地捧起来，弄来点水喂了。画眉鸟抿着喙角，侧眼看了看小薛涛，似乎要诉说什么，终究没有声音，很快气绝而死。这让小薛涛有些心疼，她问父亲：

"小鸟为什么死了呢？"

"人生的事情要等存在了之后，才晓得。"

立在一旁观看的薛郧答非所问，然后颓丧地坐在竹椅子上，那竹椅子"咿呀"地怪叫一声。

三、入乐籍

唐德宗贞元元年（785年），韦皋拜检校户部尚书，兼成都尹、御史大夫、剑南西川节度使。他春秋四十，正值不惑之年而意气风发。

一切皆为机缘。遇见韦皋是薛涛三生有缘，发现薛涛是韦皋三生有幸。

恰好那天，薛涛正在自家庭院里，翻晒一堆《千字文》《诗经》《楚辞》《庄子》《史记》《汉魏乐府》等长安刻本，让韦皋眼睛一亮，嗅到了一股从这个女孩子身上散发出来的幽幽书香。

"喜欢读这些书？还会写诗？"

韦皋一边开阅着卷轴装，一边考问着。

见薛涛使劲地点点头，韦皋浮泛笑容说：

"愿意跟我到西川节度署去吗？吾有一套成都专门刊刻的善本，以后会送你的。"

"真的吗！我愿意。"

"薛涛，有字号吗？"

"薛涛，字洪度。"

听着清亮的声音，韦皋惊奇地发现，眼前的这个雌儿不仅容仪秀丽，且才调尤佳，兼之性格开朗，长于应对。

就这样，躲不脱的情，摆不掉的缘，在成年权势男人们异样的目光中，灵巧烂漫的薛涛离开了母亲，开始了自己的官妓生涯。十六岁的薛涛被召令为乐妓，侍酒赋诗，入籍乐营，做了剑南西川幕府的女公关。

宋元间马端临《文献通考》：

> 韦皋镇蜀，召令侍酒赋诗。

元代费著《笺纸谱》：

> 时韦中令皋镇蜀，召令侍酒赋诗，僚佐多士，为之改观。

唐代的乐妓分类为：

宫妓，即皇宫之乐妓，各朝代宫廷女乐皆属于宫妓。

官妓，为官府蓄养的为官宴服务的乐妓，其中为军队服务的官妓又被称为营妓。歌妓是入了乐籍的官妓，先隶太常，后属教坊。而管辖则为"乐营"。

家妓，为富贵者家庭专有，属于家主的个人财产。白居易就曾畜养家妓。白居易诗《和新楼北园偶集》："相公谓四座，今日非自夸。有奴善吹笙，有婢弹琵琶。"

市妓，即市井妓，无固定经济来源。

私妓，指没有被官府登记为乐籍的，以色艺为生意的妓女。

"宫妓"为天子独享；"官妓"为臣庶所享受。不管是哪一种妓女，她们的美丽不断给以社会色彩与动静，而社会则不断给她们以惊悸和泪水。

在唐睿宗确立节度使制度后，地方官妓应时而生。各镇官妓衣粮仍由官给，同于京师的官奴婢。

唐代地方官府是以节度使为核心的使幕政府，其特征为节度使掌管地方军政财权，延揽举子士人成为幕僚。因此，举子士人们多投靠幕府，或为生计经济资助，或为名望声援以求明达。

《旧唐书》记述："大凡才能之士，名位未达，多在方镇。"

胡震亨《唐音癸签》记述："唐士子应举，多遍谒藩镇州郡丐脂润，至受厌薄不辞。”

因士子举人成为幕僚，许多地方藩镇的诗歌唱和与宴乐歌舞风气浓厚，地方政府也供养了大量的乐妓与乐工。方镇发达的乐艺，既为地方官员娱乐所需，亦为向中央政府进献歌舞服务。

《新唐书·卷二十二·志第十二·礼乐十二》记述了方镇进献乐舞的情况：

其后方镇多制乐舞以献。河东节度使马燧献《定难曲》。昭义军节度使王虔休以德宗诞辰未有大乐，乃作《继天诞圣乐》，以宫为调，帝因作《中和乐舞》。山南节度使于頔又献《顺圣乐》，曲将半，而行缀皆伏，一人舞于中，又令女伎为佾舞，雄健壮妙，号《孙武顺圣乐》。

就服务地方官员而言，地方官妓又具有以下功能：

地方官妓的功能之一，官宴歌舞。

《古今事文类聚》记述：

韩滉镇浙西，戎昱为部内刺史。有官妓善歌，色亦闲妙。昱情属至厚，滉闻其名召置籍中。

地方官妓的功能之二，陪客侍酒。

地方官妓的功能之三，陪客侍寝。

唐代孟棨《本事诗》记述：

李相绅镇淮南……张（又新）尝为广陵从事，有酒妓，尝好致情，而终不果纳。至是二十年犹在席，目张悒然，如将涕下。李（绅）起更衣，张以指染酒，题词盘上，妓深晓之。李既至，张持杯不乐。李觉之，即命妓歌以送酒。遂唱是词曰：“云雨分飞二十年，当时求梦不曾眠。今来头白重相见，还上襄王玳瑁筵。”张醉归，李令妓夕就张郎中。

可见官妓在地方长官命令下是要陪客侍寝的。

地方官妓的功能之四，官宴酒监。

官妓也有在长官指令下充当官宴"酒纠"的。

《唐语林》记述：

> 崔涓守杭州，湖上饮饯，客有献木瓜，所未尝有也。传以示客，有中使即袖归，曰："禁中未曾有，宜进于上。"顷之，解舟而去。郡守惧得罪，不乐，欲撤饮。官伎作监者立自守曰："请郎中尽饮，某度木瓜经宿必委中流也。"守从之。

这是官妓在酒席上直接充当"酒监"。

地方官妓的主要任务是在地方官员举行宴会时，佐酒与表演文艺节目，综上所述，可知其身份相当于二十世纪二三十年代上海滩的交际花。她们才艺非凡，心气甚高，并为官家供养。

乐籍，本指乐府名籍，在唐代为官府妓女登记册的通称。

薛涛所入乐籍，身份属于官家歌妓。

前蜀景涣《牧竖闲谈》记述：

> 元和中，成都乐籍薛涛者，善篇章，足辞辩，虽无风讽教化之旨，亦有题花咏月之才，当时营妓之中尤物也。

由于薛父殁了，家道中落，十六岁的薛涛入了剑南西川节度署乐籍，时光青葱。

四、诗坛上

经过长达八年的艰难困苦，大唐王朝才从安史之乱中喘过气来。

当人们惊魂甫定，回顾大唐诗坛曾经的初唐、盛唐一百多年的眩目光彩，却发现它此时已然暗淡。

大唐诗坛落木萧萧，四处悲号：

唐肃宗至德元年（756年），王昌龄乱发归乡，旋遭杀害；

唐肃宗乾元二年（759年），萧颖士客死汝南；

唐肃宗上元元年（760年），储光羲卒于岭南贬所；

唐肃宗上元二年（761年），王维在长安辞世；

唐代宗宝应元年（762年），诗仙李白病殁于当涂客寓；

唐代宗永泰元年（765年），边塞诗人高适卒于左散骑常侍之位；

唐代宗大历四年（769年），边塞诗人岑参卒于成都旅舍；

唐代宗大历五年（770年），诗圣杜甫在离开成都十年后，于洞庭湖的孤舟上了结一生。

……

大唐诗坛的初唐、盛唐结束了，唐代宗大历元年（766年），中唐开始了。

唐代宗大历五年（770年），女诗人薛涛在唐都长安城出生了。

在此之后，白居易、刘禹锡、元稹、段文昌、柳宗元、贾岛这一大批新生代的诗人文士陆续出生。

大历十二年（777年），薛涛来到成都；三十年后，她"诗达四方，名驰上国"。最终以她的诗歌与彩笺，联系了中唐与晚唐的诗坛。

往来风

　　她记得清清楚楚，剑南西川节度使上表奏请薛涛为国朝试校书郎，用的是贡品白麻纸，雪白如梦啊。可是那可恶的护军小人竭力阻截，把那么结实的白麻纸都撕碎了，撒了出去，一片一片的，撕心裂肺地痛成了纷纷扬扬的雪花。

一、那时辰

那时辰，大唐王朝岁月静好，从初唐的九十四年，转入盛唐的五十二年，倏地一下滑至中唐的五十八年，分界线是安史之乱。

盛极而衰，大唐的光芒开始一路黯淡下来了。

从天宝十四年（755年）十一月安禄山在范阳（今河北涿州）起兵，至广德元年（763年）正月史朝义吊死在温泉栅（今河北滦县西北）的树林子中，安史之乱整整延续了七年零三个月，大约二千五百六十天的时光，近八年的战乱。

一个"稻米流脂粟米白，公私仓廪俱丰实"的太平天下，衰成了"积尸草木腥，流血川原丹"的破碎河山。

仅有益州成都，作为大唐的后花园，还懒洋洋地开放着离乱间的太平花朵。

安史之乱发生后，成都人口首次显著多于全国其他城市。杜甫《水槛遣心二首》记述道："城中十万户。"薛涛《上土尚书》载："十万人家春日长。"两位诗人一致明确了当时成都城市人口概数为"十万人家"，实际上为十一万户以上，按每户四点九人计算，当时成都人口约五十五万人，成为人口最多的城市。

唐德宗贞元元年（785年）六月起，韦皋充任剑南西川节度使，治蜀有方，恩威并重，以霹雳手段平息了多年的边患。

贞元四年（788年），韦皋派判官崔佐时入南诏，说令向化，让南诏国归附了大唐王朝；

贞元五年（789年），韦皋派将军王有道率精兵入蕃界，斩首二千级，生擒笼官四十五人；

贞元九年（793年），韦皋命大将董勔、张芬出西山及南道，破峨和城、通鹤军。吐蕃南道元帅论莽热率众来援，又破之，杀伤数千人，焚定廉城；

贞元十一年（795年）九月，韦皋被朝廷加封同中书门下平章事，称为"使相"；

贞元十七年（801年），韦皋破蕃兵十六万，拔城七、军镇五、户三千、擒生六千，斩首万余级，遂进攻维州。转战千里，蕃军连败。又设计生擒吐蕃南道元帅论莽热，掳众十万，歼夷者半。是年十月遣使献论莽热于朝。

韦皋以功加检校司徒，兼中书令，封南康郡王。人生抵达了巅峰，被蜀地百姓称赞为诸葛亮再世。

成都城中心的摩诃池，五百亩湖面波光粼粼，水气氤氲，摇晃着西川的富庶，散发着天府的馨香。岸边荻花起伏，白鹭翩翩；渚上枫叶瑟瑟，鸳鸯交颈。

韦皋在戎马倥偬之际，吟出了《天池晚棹》：

> 雨霁天池生意足，花间谁咏采莲曲。
>
> 舟浮十里芰荷香，歌发一声山水绿。
>
> 春暖鱼抛水面纶，晚晴鹭立波心玉。
>
> 扣舷归载月黄昏，直至更深不假烛。

一只雄性孔雀，悠哉游哉地漫步在摩诃池畔。五彩的羽毛宛若凤凰，在清明阳光下，如此明丽，闪耀着光晕。这牲物此刻心情很好，居然映着一泓清波自恋地开屏了，撩花了人眼。

这只孔雀，是南诏国新近贡献的。

南康郡王韦皋的赫赫文治武功，让做剑南西川节度署校书工作的薛涛对西蜀的政治与军事产生了浓厚兴趣，她自己都没有想到，数十年后，如此的情感与理性的内化，最终外化为她的名诗《筹边楼》。

二、女校书

其实，这只是一个美梦。

沉湎其中的她也弄不清楚，这梦是真的，还是假的，但这的确是发生过的。

西蜀民女薛涛在唐德宗贞元元年，被召入剑南西川节度署乐营，入了乐籍。那年她十六岁，已过十五岁的及笄之年。

此时的薛涛一边望着盈盈荡荡的水波，一边怀着荡荡盈盈的心思：是的，薛涛被孔雀屏彩映花了眼，可薛涛的心情却不免忐忑。

时光真快，一晃就过了两年，十八岁了，她的好事来了。恩主韦皋已答应向长安奏请薛涛为秘书省校书郎。

这可是无上荣光，倘若如此，薛涛将成大唐第一位女校书，至少可以与上官婉儿比肩了。上官婉儿因为聪慧，得到武则天的重用，被封为内舍人，掌管宫中制诰，有"巾帼宰相"之称，但她究竟为女官。

校书为天下文士起家的美官，为一人之下万人之上的朝中宰相的起步，这是多少文士的梦想。

在唐代，做校书郎的人，一般有三种类型：

第一种是白居易、元稹类型，他们为正宗的校书郎。白居易在秘书省做了整整三年的校书郎，元稹也是做了三年，他俩为同事。

第二种是韩愈、权德舆类型，他们为试校书郎，即一开始在外地幕府任官，然后得到或由幕主替他们奏请一个试校书郎的京衔。相当于由外聘转为正式聘用。

第三种为李德裕、杜牧、段成式类型，因为他们是官宦世家弟子，便先在京城朝廷书库担任一段时间的校书郎，然后外放到地方幕府任官。

大唐史学家杜佑在专述典章制度沿革的《通典》里记述：

> [校书郎]掌雠校典籍，为文士起家之良选。其弘文、崇文馆、著作、司经局，并有校书之官，皆为美职，而秘书省为最。

"为文士起家之良选"，这是一条多么诱人的锦绣前程啊！

长安的白居易是在登科及第三年后，通过吏部组织的书判拔萃科考试，成为秘书省校书郎的，官衔为正第九品上阶。喜得他美滋滋地写了一首诗，向朋友报告自己的好工作：

> 帝都名利场，鸡鸣无安居。独有懒慢者，日高头未梳。
> 工拙性不同，进退迹遂殊。幸逢太平代，天子好文儒。
> 小才难大用，典校在秘书。三旬两入省，因得养顽疏。
> 茅屋四五间，一马二仆夫。俸钱万六千，月给亦有余。
> 既无衣食牵，亦少人事拘。遂使少年心，日日常晏如。
> 勿言无知己，躁静各有徒。兰台七八人，出处与之俱。
> 旬时阻谈笑，旦夕望轩车。谁能雠校间，解带卧吾庐。
> 窗前有竹玩，门外有酒沽。何以待君子，数竿对一壶！
> ——白居易《常乐里闲居偶题十六韵兼寄刘十五公舆王十一起吕二炅吕
> 四颖崔十八玄亮元九稹刘三十二敦质张十五仲方时为校书郎》

"闲"这一个字，是做校书郎工作的关键词，其核心内涵是：有闲钱，有闲时，有闲友。

实际上，作为剑南西川节度使，韦皋为薛涛奏授的是试校书郎，就是韩愈、权德舆他们那类的。这类校书郎没有进过京都书库，是由幕主请奏的。

试校书郎，也是校书郎，薛涛一幻想，便陶醉，口角抿笑，心兔狂跳。

薛涛看重的不是校书郎的丰裕收入，不是那一份闲适，而是荣耀，成为大唐女校书郎的荣耀。

三、三月三

三月三，成都的女儿节如期而至。

春风摇荡，柳絮轻复；飘花散蕊，妩媚青天。

锦江碧水，府河春燕，成都城十万家春日长。

薛涛骑上她的雪耳红毛马：起！

嗒嗒嗒嗒，青石道上即刻响起清脆的马蹄声。

她脚蹬一双红锦靴子，穿一身红绡新服，轻纱罗衫乳沟深，红缬石榴裙半露胸，梳了一个歪斜的风流堕马髻。她画了黛眉，贴了花钿，点了面靥，涂了颊红，描了口脂。

进入碧鸡坊，她要放飞自我，驱散心头无比的郁闷。

今天恰好是三月三，是人们祭拜古娘娘的日子，俗称娘娘节。平时难得出门的女人，趁着这庙会都来了，或抱儿牵女，或女伴相结，花花绿绿的，眉上蛾儿头上雪柳的一路浪来，莺莺燕燕的，蝶飞蛱舞的，宝马香车。

古娘娘庙的两扇朱漆山门，高九尺，各宽五尺。左门上有字"位镇坤维"，右门上有字"妙相圆融"。山门上有一道黑漆匾额，上书白漆"古娘娘庙"。

每年阴历三月三，是古娘娘庙最隆重最热闹的时候。一大清早，早起的道姑们，在早课之后，便要在坤道师傅的领导下，将檀香木雕像的娘娘抱进大红花轿里，在道家法器铜钹、铜铰、唢呐的伴奏下，举行"送娘娘出嫁"的独特民俗活动。在这项活动中，最热闹、最刺激的是"抢童子"。所谓"童子"，便是用木头雕的四五寸长的男童与女童若干。

坤首师傅将木雕童子向人群抛散，抢童子的多是想求子的妇人。

由于求子心切，抢夺之时，妇人们全然不顾平日妇道的羞赧。但见玉腕相搏，云鬓纷乱，惹得旁观者哦嗬哦嗬地连连呼叫。

抢得木童者，于是鼓乐、旗伞吹吹打打，将木童置于彩亭中；或作小儿抱持，送与亲戚中无子女者。该亲戚即衣冠招待，肆筵宴宾，比真正得子者尤为热闹，有接童子费数十至百金者。得到木童的富贵官绅人家一般还要举行堂会，以演剧酬神，以庆贺讨得好兆头。

如此民俗是从三国蜀汉兴起的，热闹背后却隐藏着当年的腥风血雨。

陈寿的《三国志》是这样记载的：魏将邓艾率兵偷渡过阴平关，兵临成都。蜀后主刘禅听信谗言，不战请降。其子刘谌请战不允，欲以死报国，告祭先帝。刘谌的妻子崔氏自刎，刘谌杀二女，又手刃二子，以人头为祭，哭诉于先祖惠陵后，拔剑自刎殉国。为了纪念崔氏，后来成都百姓修建古娘娘庙，将崔氏供奉为送子娘娘。

想到这里，薛涛的心里升起一阵悲伤，她既佩服刘备的孙子北地王刘谌的血性与忠义，但同时又怨恨他手刃自己的儿女为刘家殉葬。

今天天气，已是春风拂面不觉寒，碧鸡坊的春柳已散开了柳帘，春燕已经开始剪柳了。

虽替古人担忧，实际上薛涛自己的事情如同一碗滚烫的稀粥还没有吹冷。

"彩、彩、彩！"

庙会的另一处，有欢呼声，围观的中央有一力士在表演。

薛涛认出那力士是曾做过剑南西川节度使韦皋的随行军士的张芬将军，闲来无事今来三月三娘娘庙庙会显摆显摆。

他在表演力举七尺碑后，又玩起蹴鞠，还使出了拿手好戏，飞旋转身跃起将一只实心皮球踢在半空，高及半塔，大家都晓得这是他春节初一在福感寺前表演过的。

张芬将军拱手致意，决定今天玩出一个新花样。只见他走到一面高宽各丈见方的白灰涂墙前，取出一具黄金色竹子弹弓，向白墙连续射发红色泥丸，泥丸粉碎，不一会儿，众人才分别辨识出：天——下——太——平。四个硕大的描红字模，字体端正，如书家现场挥毫。

"彩、彩、彩！"

众人又是一阵欢呼，有好事者争看张芬手中的那具神奇的竹子弹弓。

张芬将军得意地解答道："尝拣向阳巨笋，织竹笼之，随长旋培，常留寸许，度竹笼高四尺，然后放长，秋深方去笼伐之，一尺十节，其色如金，用成弓焉。"

哼，看谁夺头彩！薛涛一时来了兴致，扭转了马头，决意返回剑南西川节度署，换一身紫绡裙校书官服来显摆张扬！

四、紫绡裾

薛涛套起了紫绡裾，戴了官样巾子，脚上还是蹬那双红锦靴子，女扮男装，英姿飒爽。

大唐的服饰，是用颜色区分等级的：平民百姓，多着玄黑色；无官衔文士着白色，俗称白衣秀士；低级官员如司马着青衫；校书郎，特别为世家弟子的，平时可着紫绡裾——一种紫色的，布料为锦绸的衣裳。至于官至七品以上的中书舍人、翰林学士的服饰，则是纯紫色的，并且在腰带上是要佩戴紫金鱼袋的。

本来这紫绡裾、官样巾子，是同幕好友段文昌的。薛涛性急索来悄悄试装，准备提前过过当女校书的瘾。如今梦破了，薛涛心不服周，决意穿套起去闹市兜风、显扬！

还特别换了一乘剑南西川府署官家豪华马车，驶离了剑南西川节度署高大狰狞的门阙。

她掀开轩窗，一阵清风兜着摩诃池的水浪气味、芦苇花味，还有许多草木的气息，扑面而来，心情愉快得像赶季的花花草草！

接下来发生的事情，连薛涛自己过后回顾起来都恍若一场春天的白日梦：

疯了，狂了，如此的乖张，如此的任性。

薛涛玩得太出格了，坏了剑南西川节度署的规矩。

实际上，薛涛心里晓得这样玩是出格逾制的，可是她偏偏要这样。她记得清清楚楚，剑南西川节度使上表奏请薛涛为国朝试校书郎，用的是贡品白麻纸，雪白如梦啊。可是那可恶的护军小人竭力阻截，把那么结实的白麻纸都撕碎了，撒了出去，一片一片的，撕心裂肺地痛成了纷纷扬扬的雪花。

诸恶必作，气死那帮臭男人！

当得知自己的校书郎梦破灭时，薛涛感到剑南西川节度署所有人的目光，都箭射于她，让她的心口隐痛，让她的背脊发冷。一连几天，竟然茶饭无味，木涩、干苦。真的，喝水都呛人，胃在痉挛。

薛涛决意将自己的孤独隐藏起来，她要表现出母狼一样的凶恶、孤傲。

……

薛涛大约被人识认出来了，竟然有人开始向薛涛的马车掷果投钱，朝薛涛有节奏地大呼大喊："薛洪度，女校书！薛洪度，女校书！薛洪度，女校书！"

人们纷纷驻足，翘首以望，看得下担挢胡须，看得脱帽着帢头。

人们纷纷议论，言语轻浮，论得胡思兼乱想，议出口大不逊。

薛涛兴奋坏了，高兴坏了，像一个少不事羁检的女顽童！

当人报告薛涛狂悖时，恩主韦皋气得把茶盖子、茶碗、茶托子都摔了一地，焦黄的山羊胡须一翘一翘。

心想：此是明知故犯，薛涛身为西川节度署女校书，应是晓知《禁止街坊轻浮言语敕》的，这则开元五年十一月颁布的大唐律令明文规定：

> 尧屋可封，孔门无倨；此由淳风，彼洽德教，弘之在人。职归所属。如闻辇毂之下，闾阎之内；口无择言，行不近礼，则失长幼之序。岂仪刑之政，宜令府县长官，左右金吾，明知加训导捉搦，若有犯者，随事科绳。

同时，薛涛还违反了大唐《申禁公私车服逾侈敕》。

传南康郡王令：薛涛免去地方校书职，犒军松州。

薛涛的美梦，这下子真的冰凉了。

向
松
州

霎时自信了，刹那间获得神启。在整个大唐三百年的
诗歌文学女性中，只有薛涛一人见过岷山山脉主峰雪宝
顶。如此震撼的巅峰体验，野马流霜，扩大了她的认知疆
界，陶冶了她的坚韧与飞升。

一、罚赴边

岷山峥嵘，岷江奔腾。高天长云，春阳青丽。

薛涛在路上，一顶帷帽，透纱覆面，红衣赤马。

这赤色马叫"雪耳红毛"，耳朵是白色的，四蹄又是浅黑色的，醒目。

她与剑南西川节度署教坊的一个小型歌舞乐队走在一起，再后面跟着的是载着犒劳物资与军用物资的马队。

阳光耀射，岷江雪浪闪烁，岷江大石磊立，风大云厚，天地时暗时明。

马队目的地是距离成都遥远的松州城，是例行一年一度前去犒劳边关军队的。

道路沿着岷江河谷弯弯曲曲向前延伸，头上高山茂林，脚旁深谷流水，风景如同郦道元的《水经注》中所描述的长江三峡那样：

> 自三峡七百里中，两岸连山，略无阙处。重岩叠嶂，隐天蔽日，自非亭午夜分，不见曦月。

与长江三峡相比，岷江河谷的高山更加逼仄，江流咆哮若雷，虽已孟春依旧寒气袭人。

薛涛猜想着松州的景色，忆起了曾做剑南西川节度使的高适的《燕歌行》里的几句边塞诗来：

战士军前半死生，美人帐下犹歌舞。

大漠穷秋塞草腓，孤城落日斗兵稀。

当然，人家写的是北方燕地的冬日苦寒，现在却为西蜀边地的春天风景，一路野花鲜艳妖冶，犹似入了教坊乐籍的"内人家"姐妹们。虽说官府四季给米，不愁衣食，可是姐妹们除以教坊为家外，无亲无故。每日对镜成妆，容颜盛饰，可在众目睽睽的妖娆丰盈之下，内心却是苦水涟涟。

薛涛思忖道：自己好不容易当上了剑南西川节度署的地方校书，却前程忽然挫断，做大唐女校书的梦想破碎了。一股苦涩味暗暗地涌上喉间，又被狠狠地吞了回去。羡慕那高适相公，与李白翰林侍奉、杜甫工部员外郎一群朋友同为诗坛兄弟，却可以建功立业，而有唐以来，诗人之达者，唯高适而已。最终加银青光禄大夫，进封渤海县侯，食邑七百户！薛涛竟埋怨自己是女儿身了。

同行相伴的府署歌舞乐队，其中最长的是裴姓大娘，当年和薛涛一起唱步虚词的年纪最小的妹妹，如今成了歌舞乐队里年龄最大的姐姐。她口角下有一颗红痣，众姐妹以谐音呼她为"红字（痣）娘"。

其中最小的是新来的歌手兼舞者卓巧巧，扑闪着大眼睛，一口一个薛姐姐，声情婉转，甚是惹人怜惜。

红字娘是资深的"搊弹家"，拨弄着一手好琵琶，而且是新式弹法，不用拨子，只用手指。传说她的师傅的师傅的师傅，是贞观年中的长安琵琶圣手裴洛儿。从裴洛儿开始，弹琵琶不用木拨子而用手指，这叫搊琵琶。这是史家刘餗的《隋唐嘉话》的记载。红字娘讲起自己的太祖师傅来，一脸的荣誉光彩。

她们在路上商议着、排练着将演出的节目。

红字娘笑着说："薛校书，你是会五言七言诗的，到时现场根据实情实景一定给我们填几首词哟！"

"薛涛姐要演唱！"卓巧巧接口道。

薛涛虽说有重重的心事，还是微笑点头应承。尽管此次自己惹了韦大人生气冒火，被罚赴松州，但在教坊姐妹们的眼里还是高人一等，受到尊重的。

慰军令

为了犒军欢庆，松州军民不得有任何言行轻侮犒军乐女。

检校户部尚书，兼成都尹、御史大夫

剑南西川节度使、南康郡王韦皋令

西川府署教坊官员照例宣读专用黄麻纸书写的慰军令，一字一板地将川主韦皋的官衔念得清清楚楚。

松州军士卸下了犒劳物资与军用物资。

酒品计有：

清醨酒，秦汉制成蜀酒，浓度较高，有"一醉累月"的名气。

甘酒，秦至三国蜀汉时间流行酒品，粮食酿造，制法简易，"少曲多米，一宿而熟"。

郫筒酒，蜀中郫县特产，出现在魏晋时期，一种将麦曲装在竹筒内酿制而成的重酿酒。

醡酒，蜀地米酒。头年取冬天锦江雪水和小麦酿就，用瓮坛密封至第二年，过了九九天在沿河看柳之时，再加曲汁三斗、米三斗，蒸煮烂后装入缸中密封，数十日后即成酒。特别适合妇女饮用。

汉州鹅黄酒，蜀地特产，酒色类似琥珀，以小红糯高粱为主要原料，酒味醇和甘爽。

青城乳酒，为唐时青城山道士所创酿，是乳白色的米酒。

临邛酒，汉时卓文君家乡酒，其味销魂。

剑南烧春，为烧酒之别名，唐时蜀地名酒，又分为"烧春"与"生春"两种，为浓度较高的重酿酒。

锦江春，唐时蜀地名酒，出品于成都锦江畔的水井坊。

织品计有：

益州新样锦，赤地花纹锦，梓州、遂州的樗蒲绫，果州、阆州的重绢，梓州、陵州的鹅溪绢，专门犒劳高级将领的鸟纹织金罗和绵州轻容。还有犒劳一般军士的汉州弥牟细麻布、荣州班布。

军品计有：

刀首有环的蜀刀、形似鱼鹰的有孔的鱼凫刀、大型远射程的连发弩，还有蜀地名剑炒钢锻剑和蒲元神刀。

这些酒品、织品与军品的安排，表明蜀地出产的丰富，川主韦皋安排的精明，让整座松州城都心花怒放，喜气洋洋。

松州城，是唐朝成都直辖的边境城市。

这里既直接面向青藏高原的吐蕃王朝，又面临回纥王朝，是各族王朝的争夺要地。

这里距离河西走廊五百里，距离长安五百里。

在唐太宗时，这里就爆发了唐蕃松州之战，虽说最终以唐朝为小胜方，但吐蕃的强势崛起，足以令唐王朝心惊而不敢侧目小觑。

贞观八年，松赞干布派使者来唐朝，开始了与唐朝的政治交往。

松赞干布后来听闻突厥、吐谷浑都娶了唐朝公主，于是也遣使携带珍宝向唐王朝请婚，唐太宗没有应允。

于是在贞观十二年（638年），松赞干布发兵席卷了吐蕃与唐朝的缓冲地带——吐谷浑、党项、白兰诸地。

唐将韩威战败，退守松州。

松赞干布实现了吐蕃扩张的战略意图。

随后，松赞干布率二十万军马兵临松州城下再次请婚，实际是逼婚。

此时，唐朝临边的部分羌酋纷纷倒戈，唐王朝的闾州、诺州两地刺史也举州投降。

松州城成了一座孤悬之城。

同年八月，唐太宗派侯君集为总领，牛进达为先锋，率精锐五万赴松州。

之后，牛进达先锋率兵一万，自松州夜袭吐蕃军营，斩千余首。

松赞干布引兵自退，遣使谢罪。再次请婚，唐太宗许之。

于是松赞干布遣宰相禄东赞致礼唐朝，进献黄金五千两、珍玩数百为聘礼。

唐王朝特派礼部尚书江夏王李道宗护送文成公主离开长安，前往吐蕃和亲。

松赞干布亲往伯海迎娶，并且特别为文成公主筑建了拉萨布达拉宫，以夸示后代。

雪山巍巍，雪风强劲。

这便是松州城的故事。

大唐驻军以松州城为后营，前营是高屯堡军镇，前后相距二十里。

从高屯堡再向西北走，便是青海，便是陇右，便是河西，便是阴山，便是阳关了。

在安史之乱中，因为唐明皇幸蜀，成都曾升格为南京，与中京长安、西京凤翔，三京并峙，成为唐朝的后花园。

自安史之乱后，唐朝与吐蕃，与回鹘，与南诏，此消彼长。总趋势为吐蕃、南诏、回鹘的版图增大，唐朝的缩小。唐朝国力衰退，成都虽为唐朝后花园，却成了边境城市，吐蕃与南诏的袭扰，让成都不时处于烽火报警的恐慌之中。

贞元十七年，吐蕃兵犯长安之北的盐州、麟州，朝廷专门遣使宣读唐德宗皇帝敕令：令韦皋从西川出兵深入蕃界以分其势，纾解长安北方边患。

韦皋与幕僚、蜀将们齐聚成都军事议事厅，薛涛作为唯一女性以校书文秘身份参加做记录。面对剑南西川与吐蕃犬牙交错的形势地图，筹划三天后，韦皋决定军分九道齐入蕃界。最终，破蕃兵十六万，拔城七、军镇五、擒生六千，斩首万余级。转战千里，蕃军连败。

之后，韦皋特别安排蜀军骁将都将高倜、王英俊镇守松州，借二将军威名震慑边关。

在如此态势之下，松州城作为成都西北第一屏障，凸显出重要的边关地位。松州驻军分驻两处扎营，后营为松州城，高屯堡军镇做前营。

在位于松州城北二十里的高屯堡军镇，五百唐军驻扎在一处大山洼里。作为松州的前营，这里地势绝佳。面对蜀陇大道，后上方是终年积雪之神山花石岩，左边有一条溪水，称为后溪，溪边生长着此地特有的高山小叶杜鹃花，每年五六月开花，有一个很高傲的名字"头花杜鹃"。右边为坡地，坡地上栅栏围围，营房座座，旌旆飘飘，白云朵朵。

军镇位于蜀陇大道转弯处，具有很好的隐蔽性。军镇高处有一座烽火台，可回望隐约可见的松州城。

高屯堡军镇是犒军的第一站。松州驻军将领照例早已安排好了犒军歌舞乐队的住处，并派机灵的兵卒专门殷勤侍卫与侍候。

尤其是松州城镇将高偁、镇副王英俊二将军笑吟吟地称她为薛校书，又向她致以军礼，让薛涛脸面很有光彩。

红字娘亦愉快得很，绽着微笑在给侍候的军士布置着什么。其余的乐人歌伎也忙得不亦乐乎。

别人都有事忙，薛涛不晓得自己能做什么，反而有些落寞。她伫足高地，放眼瞭望着四野。

近处，草原茵茵，起伏的山坡上繁花锦绣，星星点点；牛群羊群四野聚散，云朵飘落。旷野气息新鲜，天地勃勃生机。

远处，河流一弯，便是岷江上游。水流绸舞，闪着阳光的风，轻掠过光亮的银波，宛如一曲牧歌，高亢悠长。

更远处，是一座高耸入云的山峰，这就是岷山山脉主峰——雪宝顶。雪线清晰地缚束在上半山腰，山峰顶冠着终年不融的冰帽，气象静穆永恒，亘古永远。

雪宝顶主峰为众多的高峰簇拥。西南是玉簪峰，东南是四根香峰和小雪宝峰，南面则是九顶山。

岷山山脉主峰雪宝顶，今人知道海拔为5588米，地处青藏高原的东界。

薛涛眺望着，一时间失却了语言，没有了思绪。碧空如洗，白云静静飘浮，白冰皑皑阒寂，群峰横空出世。在强烈的阳光中，在强劲的疾风里，雪宝顶披散着飞动的雪雾长发，以擎天的姿势屹立在那里，是补天的女娲，还是奔月的嫦娥？幽深的空寂中弥漫着一种深沉的孤独，空空荡荡虚无缥缈。

霎时自信了，刹那间获得神启。在整个大唐三百年的诗歌文学女性中，只有薛涛一人见过岷山山脉主峰雪宝顶。如此震撼的巅峰体验，野马流霜，扩大了她的认知疆界，陶冶了她的坚韧与飞升。

犒军演出，花样繁多。但到了秋季之时，便一定要踏上归程。不然临界深秋，就凉风浸刺骨头了。因此年年岁岁犒军演出的队伍，定是仲夏抵达，季夏离去。

　　犒军演出开始，音乐大作。兵士整齐分块端坐中央，四周围观的还有当地民
众，其中以服色鲜艳的吐蕃妇女居多，这是由于此处本来就为汉藏杂居之地。

> 北风卷地白草折，胡天八月即飞雪。
> 忽如一夜春风来，千树万树梨花开。
> ……

　　歌词是曾做蜀嘉州刺史岑参的《白雪歌送武判官归京》。
　　接着唱岑参的《走马川行奉送出师西征》：

> 君不见走马川行雪海边，
> 平沙莽莽黄入天。
> ……

　　换成唱高适的《燕歌行》：

> 汉家烟尘在东北，汉将辞家破残贼。
> 男儿本自重横行，天子非常赐颜色。
> ……

　　薛涛边听边想，这些边塞诗或者是写西北，或者是写东北，没有写松州边关的。
　　与成都不同的是，这里的军士不喜欢"软舞"，因此表演的节目单上，软舞
最多只有《兰陵王》一阙。而"健舞"偏多，棚车上击鼓，要么《柘枝》，要么
《阿辽破》，都是旋转舞动的龟兹乐舞。
　　"哦哦哦""哈哈哈……"舞蹈激荡，节拍强劲。
　　有军士起立加入舞蹈，观众击掌，和着鼓点咚咚，热烈欢快。
　　军士中竟有金嗓子唱起王翰的《凉州词》：

葡萄美酒夜光杯，

欲饮琵琶马上催。

醉卧沙场君莫笑，

古来征战几人回？

高亢嘹亮，一直回响在天边。

歌舞一直持续到夕阳醉红了脸坠倒在西边，月亮绽着微笑从东边出来。

最后不分演员与观众，汉民与吐蕃男女，大家都跳起锅庄。

薛涛终于受到感染，忘怀忘情，跳得大汗淋漓。

……

夜宴开始了，中心是酒，酒令为薛涛所长，可是她人在松州不仅没有兴致发挥，反而有点头晕闷酒的意思，旁人丝毫没有察觉。

松州将校们早就听闻眼前的薛校书擅长酒令，连每年赶赴成都述职的各州刺史都不是她的下酒菜，遑论边关武夫？！因此，夜宴上众人只管尽兴，相互划拳猜令，声震帐篷，可是见薛涛端着酒杯走来，即刻噤声，凝固着呆笑。松州城军营中，原本也有不怕醉死的，但也不敢违抗成都韦大人军令，更不敢端酒接近成都来的薛校书。

军营议事厅内，高偶、王英俊两位将军端着剑南烧春，醉醺醺地纵论边防军事与吐蕃民风，薛涛听得津津有味，不时点头插话，体会戍边苦寒，天生就对政治军事抱有兴趣的她，竟然忘记了自己遭罚赴边的冤屈。

二、门下曲

一周之后，表演又兴。

先是歌舞队跳起软舞，卓巧巧轻轻缓缓地一连舞了三曲：《武媚娘》《杜韦娘》《柳青娘》。

军士们看得暗咽口水，魂不守舍，两眼发直，目不转睛。

接着报出演出薛涛校书专门自填词自唱《罚赴边有怀上韦令公二首》曲时，掌声雷动。

闻道边城苦，而今到始知。羞将门下曲，唱与陇头儿。

一阙听后，军士歌女默默不语。

黠虏犹违命，烽烟直北愁。却教严谴妾，不敢向松州。

两遍过后，军士与歌女皆眼泪花花。

最后松州城的边关军士与犒军歌舞乐队联合演出《踏谣娘》，将演出推向高潮。

《踏谣娘》原为北齐坊间小歌剧：北齐有人姓苏，疱鼻。实不仕，而自号郎中。嗜饮，酗酒。每醉，辄殴其妻。其妻衔怨，诉于邻里。时人弄之：丈夫着妇人衣，徐步入场行歌。每一叠，旁人齐声和之云："踏谣，和来！踏谣娘苦，和来！"以其且步且歌，故谓之"踏谣"；以其称冤，故言"苦"。及其夫至，则作殴斗之状，以为笑乐。

在这里表演时，选取滑稽军卒着妇人衣服扮装丈夫，演到夫妻殴打推搡时，围观者爆吼爆叫，表演拉拉扯扯，左右狂得冒汗，上下笑得岔气。

薛涛却目中无物，若有所思，眼神迷离，笑不出来。

夜宴又是酒。"人事三杯酒，流年一局棋。"这是唐代蜀人李远的诗。

可是这心中的苦味，向谁人诉说？！

诗仙李白在《春夜宴从弟桃花园序》中说："开琼筵以坐花，飞羽觞而醉月。不有佳咏，何伸雅怀。如诗不成，罚依金谷酒数。"

边城的月亮，又大又圆，又湿又软，似乎伸手可摘。

篝火燃烧，人影晃晃，烹羊宰牛，边茶浓浓。

此处尽是武夫的劲吼，哪有雅士的唱和？！此时饮酒皆为轰饮，仰喉而尽。

薛涛感到好些无聊，她想无论如何都要向成都韦大人诉说自己的冤屈烦恼，无论如何都要在夏季结束之时，和红字娘她们一起返回成都，不然，一人留下的话，难捱高寒气候，说不定会冻死在松州的。

想到这里，薛涛徐徐端起了成都酴酒，缓缓而呷，锦水的甘冽沁人心脾，让她分外想念成都生活。

此时，军帐内外唱起成都坊间酒歌：

菜板上切腊肉，
有肥又有瘦，
汝喫肥，吾喫瘦，
小娘子啃骨头！

红字娘弹奏琵琶，卓巧巧一人领唱，众军士和歌，震飞宿鸟，抖落星月。

薛涛跟着哼歌，若有所悟，分辨不出谁为菜板，谁是肥肉，谁是瘦肉，哪一个人要啃骨头。

远处的群山熟睡了，松州城上悬着一轮硕大无朋的月亮。

高原空气稀薄，面对雪山，久久遥望成都，薛涛似乎出现了幻觉：金月亮，紫月亮，黄月亮，蓝月亮。

诗笺飞闪——嫦娥奔月。羿，神射手？此次却似失误了。当年十个太阳飞行在天空，羿射的全是母太阳，剩下那一个太阳是公的。后来中国就成了男人的天下。

羿请不死之药于西王母，姮娥窃以奔月，怅然有丧，无以续之。

诗笺飞闪——成都街头，掷果投钱，朝飞驰的马车有节奏地大呼大喊："薛洪度，女校书！薛洪度，女校书！薛洪度，女校书！"

诗笺飞闪——长安城头，天下诗人都要争索诗笺，浣花溪的彩蝶群起，十色诗笺漫天飞舞……

蓝月亮，黄月亮，紫月亮，金月亮。

薛涛定了定神，仿佛做了一场短梦，有点弄不清楚时光了。她用右手掐了掐左手，思忖道：除了寄上前日奉唱的《罚赴边有怀上韦令公二首》外，一定要赶在本月的驿递邮差返成都之前，还要再申而写之，以诗表明自己的心迹。

薛涛又去看望了自己的乘骑"雪耳红毛"，抚摸着，对马相约：

大约在季夏前，定返成都！

三、回转意

怎样让南康郡王大人韦皋回转心意，让自己重返成都？

用什么样的口吻上禀？用什么样的文字说明？

薛涛独自饮茶，想起了摩诃池大厅西边的那一口龙井，深幽幽的，据说是成都的海眼，可通东海。

她端起茶来浅啜了一口，反复地思量着，反复地回忆着有关韦大人的种种轶事：

韦皋大人一生下来，就不是凡胎俗人。虽说他的母亲怀胎时没有梦见五彩凤凰鸾鸟，但却有还为婴儿的韦皋便与胡僧对话的故事。

韦皋生满一月之时，韦家召群僧会斋以图吉利。有一胡僧生得相貌丑陋，歪枣烂瓜的，不请自来，惹得韦氏家童群起盘问：你不召而至，脸皮太厚！胡僧死皮赖脸就是不走，最后家童也只好丢了一张烂席子，让他枯坐在庭院露天。

餐饭后，韦父命乳母抱出婴儿，请群僧祝其寿诞。那个胡僧忽然惊风火扯地跑上台阶，朝着婴儿道："别久无恙乎？"

婴儿若有喜色。众人皆诧异。

韦皋的爷爷问道："此子生才一月，吾师何故言别久耶？"

胡僧开始不肯明说，后在韦父追问之下，才说："此子乃诸葛武侯之后身耳。武侯当东汉之季，为蜀丞相，蜀人受其赐且久；今降生于世，将为蜀门帅，蜀人当受其福。吾往岁在剑南，与此子友善，今闻生于韦氏，吾故不远而来。"

韦父惊异胡僧的言语，便将韦皋以"武侯"字之。

薛涛思忖，这样的逸闻可能是韦门弟子属下编造的，虽不足信，但也表明韦大人治蜀有方，维护唐境安定，让南诏重新归附大唐，文治武功的确不输于一代名相诸葛孔明。

不过，韦大人为人处世有时也是不显山不露水的，他的岳父西川节度使、兵部尚书平章事张延赏大人就曾看走了眼。

当初韦皋还没有加官进爵之时，在西川节度署中当幕僚，成天无事，郁郁不得志，与宾朋从游时，脾气还大得很。

张大人很是讨厌这个女婿，便对韦皋曰："幕僚无非时彦俊杰，延赏尚钦惮之，韦郎无事不必数到。"言下有驱赶之意。

后来，韦皋离开张府，自谋生路，因顶着西川节度使贤婿的光环，连连得到贵人相助，加上忠勇努力，数年下来竟然出人头地了：天子乃授兵部尚书、西川节度使，竟然代居岳父先前之官位。

薛涛又啜了一口茶，反复地思量着，回忆着有关韦大人的赫赫文治武功：

德宗皇帝贞元元年（785年），韦皋大人官拜检校户部尚书，兼成都尹、御史大夫、剑南西川节度使后，有为有位，有位有为，不断获得长安朝廷看重，不断加官进爵。

招抚南诏，第一功：派遣判官崔佐时前往南诏，说令向化，以离吐蕃之助，让南诏国重新归附唐朝，成为属国。解除了先前吐蕃来犯，南诏数十万兵马作为先锋的外患。由此，南诏国断绝朝贡者，二十余年，至是复通。消息传至长安时，整个长安城都为之喜庆。

击破吐蕃，第二功：派遣蜀军骁将王有道率精卒快骑深入蕃界，大破吐蕃青海、腊城二节度，斩首两千级，生擒笼官四十五人。又派都将高倜、王英俊兵二千人趋故松州。后又招抚西山羌女、讹陵、白狗、逋租、弱水、南水等八国酋长，入贡朝廷，解除边患，数年内又收复巂州城。贞元十七年奉德宗皇帝令，军分九道齐入蕃界，破蕃兵十六万，拔城七、军镇五、擒生六千，斩首万余级。转战千里，蕃军连败。致使吐蕃赞普遣论莽热以内相，兼东境五道节度兵马都群牧大使，率杂虏十万来解维州之围，蜀军据险设伏以待之。先出千人挑战，论莽热见蜀军人少，悉众追之。蜀军发伏掩击，鼓噪雷骇，蕃兵溃败，生擒论莽热，虏众十万。是岁十月，韦皋遣使献论莽热于朝，德宗皇帝数而释之，赐第于崇仁里。

韦皋以功加检校司徒，兼中书令，封南康郡王。

顾盼自雄的韦皋，特别来至摩诃池大厅西面的那口龙井，焚香祭祀，愿鸿福齐天。果然在唐顺宗皇帝即位后，韦皋又被加封为检校太尉。

韦皋成为大唐两朝封疆大吏，朝廷重臣，镇蜀二十一年。

罚边犒军，韦大人究竟何意？怎么能让韦大人回心转意？

薛涛起身续了一杯苦涩的边地煮茶，又想起了一则关于韦大人的轶事。

韦皋年轻时，游历江夏，住在姜使君家。姜氏孺子荆宝有小青衣名叫玉箫，因做韦皋侍妾，日久有情。后来分手时，韦皋与玉箫言约：少则五年，多则七年，定娶玉箫。因留玉指环一枚，并诗一首。结果五年后韦皋没有返回，又等了二年，玉箫深深叹息道："韦家郎君一别七年，是不来耳！"遂绝食而殒。姜氏念其节操，以玉环戴在玉箫的中指上，一同殡葬了。后来韦皋镇蜀审案时，竟然遇到了荆宝。当得知荆宝因家人犯罪牵连，便为荆宝雪了冤，还表奏其为眉州牧。而后向荆宝打听："玉箫何在？"

"您韦皋仆射大人当年离开的那天傍晚，与伊留约，七载是期。逾期不至，玉箫乃绝食而死。"

荆宝讲完之后，又背吟出当年韦皋的《忆玉箫》诗：

黄雀衔来已数春，别时留解赠佳人。

长江不见鱼书至，为遣相思梦入秦。

韦公闻之，益增凄叹，每日诵经写经，广修经像，以报夙心。且想念之怀，无由再会。

时有道人，传能通阴阳，可以让生者与死者相见，但要斋戒七天。果然七天之后，韦皋在梦中见到佳人。

清夜，玉箫乃至，谢曰："承仆射写经，僧佛之力，旬日便当托生。却后十二年，再为侍妾，以谢鸿恩。"

临别时微笑曰："丈夫薄情，令人生死隔矣！"

若干年后，有东川卢八座，送一歌姬，未当破瓜之年，亦叫玉箫。细观酷似当年玉箫，而且中指有肉环隐隐凸出，不异当年留别的那个玉箫啊！

心想：当年玉箫之言，今已灵验了！

不过此事往昔深久，恍若隔世。现在韦大人也进入晚境，常言道："老还小。"但愿韦大人还有怜香惜玉的柔软心肠。

薛涛再啜了一口苦涩的边地煮茶，不禁又想起了另一则关于韦大人的轶事。

前有文人陆畅曾拜见韦皋，作《蜀道易》一首，句曰："蜀道易，易于履平地。"

韦大人听后，捋着胡须道："这话虽说过了一些，但老夫受用！"言罢赠罗绮八百匹。

那陆畅聪明，是将诗仙太白的名诗《蜀道难》反其道而用之，夸赞韦大人的治蜀之功而不显露，因此博得韦大人大喜。

薛涛似乎找到了上书韦大人言语的法子，嘴角绽出一丝微笑，她端详着杯子里浓酽的边茶，自言自语："边茶真好！"

四、十离诗

摩诃池边，娇荷清风阵阵，夏荷清香，成都的夏夜。

摩诃池中，画舫灯笼串串，乐声隐隐，夏夜的成都。

前一阵子，有人报告说，摩诃池大厅西边的那口龙井有鱼出现，长六七寸许，往往游于井上，水必腾涌。

好兆头！已为南康郡王的韦皋，又刚被朝廷加封为太尉，心情大好，眉开眼笑。

剑南西川副节度使刘辟，在一旁劝道："长安朝廷当应让韦公统领剑南三川，兼职巴州与益州！"

韦皋捋着白胡须，昏花的老眼放射出夕阳之光，特派剑南西川副节度使、行军司马刘辟进京师长安活动，欲谋求统领剑南三川之位。

此时长安，唐顺宗皇帝久病，已不能临朝听政，由宦官李忠言、侍棋待诏王叔文、侍书待诏王伾等三人把持国政。

刘辟暗地拜谒王叔文，私曰："太尉使致诚于足下，若能致某都领剑南三川，必有以相酬；如不留意，亦有以奉报。"

王叔文欲杀掉刘辟，警示韦皋。幸而另一执政韦执谊坚决加以阻止，刘辟才得以悄悄地返蜀。韦皋得知王叔文不讲人情，油盐不进，有些气馁，又有些生气，恨得牙齿咬得直响，恨得白胡须颤颤抖抖。

"一个棋篓子，要玩政治？还想与吾堂堂太尉争锋？还太嫩了点！"

因晓知韦执谊与王叔文之间有矛盾，深谙朝廷政治的韦皋，决定施拖刀计反击一下。

韦皋老谋深算地以大臣的身份上表请皇太子监国，以表忠心，还命段文昌拟就了《上皇太子笺》，曰：

> 殿下体重离之德，当储贰之重，所以克昌九庙，式固万方，天下安危，系于殿下。皋位居将相，志切匡扶，先朝奖知，早承恩顾。人臣之分，知无不为，愿上答眷私，鏧输肝鬲。伏以圣上嗣膺鸿业，睿哲英明，攀感先朝，志存孝理。谅暗之际，方委大臣，但付讬偶失于善人，而参决多亏于公政。今群小得志，骤紊纪纲，官以势迁，政由情改，朋党交构，荧惑宸聪。树置心腹，遍于贵位；潜结左右，难在萧墙。国赋散于权门，王税不入天府，褻慢无忌，高下在心。货贿流闻，迁转失叙，先圣屏黜赃犯之类，咸擢居省寺之间。至令忠臣陨涕，正人结舌，遐迩痛心，人知不可。伏恐奸雄乘便，因此谋动干戈，危殿下之家邦，倾太宗之王业。伏惟太宗栉沐风雨，经营庙朝，将垂二百年，欲及千万祀，而一朝使叔文奸佞之徒，侮弄朝政，恣其胸臆，坐致倾危。臣每思之，痛心疾首。伏望殿下斥逐群小，委任贤良，偻偻血诚，输写于此。

一切处理停当后，剑南西川节度署照例举办一年一度的夏夜赏荷诗会。

剑南西川节度署的头面人物，都坐在画舫上，一杯清茶，浅吟细啜。

南康郡王韦皋，面容有些老态龙钟，体态有些烈士暮年，正借着一笼烛光，缓读着从松州送来的薛涛诗笺。

> 闻道边城苦，而今到始知。
> 羞将门下曲，唱与陇头儿。
>
> 黠虏犹违命，烽烟直北愁。

却教严谴妾，不敢向松州。

韦皋在军务公务之际，素以读书博洽而出名，允武允文。

念完《罚赴边有怀上韦令公二首》后，韦皋颔首捋着胡须，向左右点评道："这小女子这盘晓得蛇是冷的，锅儿是铁打的了。那富贵人家门下的柔软歌曲，的确没有引起边关军士的共鸣。这两首诗作为边塞诗，众卿以为如何？"

一旁的刘辟、段文昌诸人，相互传看，相互议论。

秦时明月汉时关，万里长征人未还。

但使龙城飞将在，不教胡马度阴山。

刘辟吟毕王昌龄《出塞》后，故作豪放道："相比之下，薛校书诗终是弱女子的声音，婉约苦怨了。"

刘辟是贞元中进士擢第，宏词登科出身，他的点评是有分量的。

段文昌道："刘公评得有道理，但那是男人的边塞诗，阳刚之气，理当如此，情当如此。可是薛校书为女流，她的边塞诗接续汉朝蔡文姬的《胡笳十八拍》的调性。'黠虏犹违命，烽烟直北愁'句，婉约阴柔之中藏大格局，亦有政治军事的眼光。"

段文昌虽不中进士，但家学深厚，在剑南西川节度署中是出了名的读书种子，也是因此被表授校书。

"当年韦公出兵九道，让狡黠的吐蕃穷于应付而让长安纾北边患，此后吐蕃不敢再犯松州了。薛校书正是因为罚边，才体会到韦公的教诲严厉、良苦用心。"

段文昌很善言语，在不露声色地奉承韦皋的同时，又为薛涛先前的不懂事乖张任性开脱。

韦皋听得痒舒舒的，连连首肯：

"对，对。这薛涛小女子的边塞诗当为本朝女子边塞诗第一。"

说完，又翻检出薛涛的《十离诗》传递众人，众人阅罢。

有人评说：“《十离诗》殊乏雅道，不足取也。”

有人评说：“十首均系民歌情调，层层设喻，借物陈情。”

还有人评说：“《十离诗》，有引躬自责者，有归咎他人者，有拟议情好者，有直陈过端者，有微寄讽刺者，皆情到至处，一往而就，非才人女人不能。盖女人善思，才人善达故也。”

……

七嘴八舌，莫衷一是，各有褒贬，没有定评。

“刘进士，你，你看如何呢？”

刘辟正注目着眼前这位功名赫赫的南康郡王，到底是英雄暮年了，心想：老骥伏枥，志在千里，那只是一个传说。应当是烈士暮年，虽说壮心不已，终是英雄气短，儿女情长啊。

于是他便乖巧地推就道：“恭听段校书高见。”

“《十离诗》，真的是一组奇诗，手法之新，从前诗坛还未曾有过。往昔的诗歌设喻多为拟人，即为人化的过程。今日的《十离诗》设喻却为拟物，即物化的过程。朗朗乾坤，阴阳世界，万事万物，相离相依。《十离诗》首首写得自警自省，声声诉得相依相离。”

段校书细细相析，韦大人连连称是。

宴会散时，韦皋最后吩咐道：“明日函递，召回薛涛。”

犬离主

驯扰朱门四五年，毛香足净主人怜。

无端咬着亲知客，不得红丝毯上眠。

笔离手

越管宣毫始称情，红笺纸上撒花琼。

都缘用久锋头尽，不得羲之手上擎。

马离厩

雪耳红毛浅碧蹄，追风曾到日东西。

为惊玉貌郎君坠，不得华轩更一嘶。

鹦鹉离笼

陇西独自一孤身，飞去飞来上锦茵。

都缘出语无方便，不得笼中再唤人。

燕离巢

出入朱门未忍抛，主人常爱语交交。

衔泥秽污珊瑚枕，不得梁间更垒巢。

珠离掌

皎洁圆明内外通，清光似照水晶宫。

都缘一点瑕相秽，不得终宵在掌中。

鱼离池

戏跃莲池四五秋，常摇朱尾弄纶钩。

无端摆断芙蓉朵，不得清波更一游。

鹰离鞲

爪利如锋眼似铃，平原捉兔称高情。

无端窜向青云外，不得君王臂上擎。

竹离亭

蓊郁新栽四五行，常将劲节负秋霜。

为缘春笋钻墙破，不得垂阴覆玉堂。

镜离台

铸泻黄金镜始开，初生三五月徘徊。

为遭无限尘蒙蔽，不得华堂上玉台。

　　假如主人失去爱犬，心思如何？假如书圣王羲之没有得心应手的笔，心思如何？假如马厩里空空荡荡的，从此没有马儿，心思如何？假如笼中的鹦鹉飞了，空空的笼子，心思如何？假如听熟了春燕呢喃，忽然只剩空巢了，心思如何？假如忽然丢失了掌上明珠，空空手掌摊开了，心思如何？假如鱼池里没了鱼，清波空空，心思如何？假如猎鹰一去不返了，放鹰人双眼空空，心思又如何？假如雅居无竹……假如美人无镜……在《十离诗》中，薛涛对自己的所作所为以客观的、置身事外的方式加以揭示。她虽说一方面不回避自己的意志对自己的行为所承担的责任，另一方面却将对这些行为作善恶评价的权利交了出来。

　　深夜，庭燎大烛，照映如昼。韦皋独自重新念了一遍《十离诗》，又将众官的议论细过了一遍，从心底感叹道：这雌儿太聪明了，将自个事情的关系一连设下十个比喻，一担子搁在老夫面前，让老夫裁决。

　　《十离诗》，十次诉说，十次叹息；哪里是在忏悔，分明是求宽恕。

　　韦皋忽然无端地想起了当年的玉箫姑娘，竟然一行老泪浸湿了眼角的鱼尾纹，流淌了下来，慢慢地竟将先前的一腔怒气浸湿成一片慈爱了。

　　英雄气短，儿女情长。心肠软了下来，微笑也变得慈祥了。

　　哦，远在松州的薛涛居然用几张薄薄的红笺，唤醒了武功赫赫的南康郡王在宝剑弯弓之下内心深处雪藏久远的柔软。

杳霭中

　　细致入微的体谅，机智善辩的才情，进退自如的神
态，让每一个与她接触的男子都如临高台，如坐春风：既
不敢较真，又不能敷衍，同时在关键时节，又可体会到一
种女性的温婉与体贴。

一、蜀中乱

唐顺宗永贞元年（805年），南康郡王韦皋忽得暴疾而卒，时年六十一岁。

次年长安朝廷也换了新皇帝，皇太子李纯上位了，即唐宪宗，年号元和。

韦皋为大唐王朝一代忠臣名将，极尽哀荣，长安朝廷追赠他为太师，为他废朝五日。

回顾韦皋在蜀二十一年，盖棺定论，千秋功罪，评议纷纷。

评说他：富贵僭差，晚年时重赋敛以事月进，致使蜀土虚竭，天下讥之。

评说他：慷慨下位之中，横身丧乱之际，力扶衰运，气激壮图，义风凛凛，耸动群丑，春盗之喉，折贼之角，可谓忠矣！

怀念他：杀人征战之后，晚年一心理佛崇佛，恒持数珠诵佛名。所养鹦鹉，教令念经。及死，焚之，有舍利焉。

怀念他：在西川，凡事设教，军士将吏婚嫁，则以熟彩衣给其夫氏，以银泥给其女氏，又各给钱一万，死葬称是，训练称是。

怀念他：内附者富瞻之，远来者将迎之。

从松州归来的薛涛，抚摸着恩主韦公所赠红绡，先前的怨恨烟消云散，望着摩诃池粼粼波光，对着那只雄孔雀，悲恸不已。

她想到汉代蜀人王褒所作《楚辞·九怀》中追思屈原的句子："菌阁兮蕙楼，观道兮从横。……抚槛兮远望，念君兮不忘。怫郁兮莫陈，永怀兮内伤。"

天上宫阙，建筑在杳渺云霭深处，只有雾散霞开之后才能望见菌阁芝楼啊。恩主韦公真是天上的神仙客呀，他升天之后，居住在神仙所居的紫阳宫里哦。

她泪水涟涟地为恩主韦公写下了《寄词》：

> 菌阁芝楼杳霭中，霞开深见玉皇宫。
> 紫阳天上神仙客，称在人间立世功。

这年薛涛三十六岁，似乎忽然洞明了世事。

权力是春药，亦为鸩酒。

剑南西川出现权力真空。刘辟自为西川节度留后，长安皇太子登基即位，即唐宪宗皇帝。为了息事宁人，长安朝廷授刘辟为检校工部尚书，充剑南西川节度使。

在此前，刘辟代韦皋上表《上皇太子笺》后，继有裴均、严绶笺表继至，由是归政太子，尽逐宦官李忠言、侍棋待诏王叔文、侍书待诏王伾等人。

刘辟自恃有功，权欲膨胀了。进士出身的刘辟竟然性显凶悖，口出不臣之言，竟然要求统领剑南西川道、东川道以及山南西道"三川"，想做成连南康郡王韦皋都没有做成的美梦。

刘辟伙同死党卢文若一起出面拉拢段文昌与薛涛。

段文昌以为刘辟要挟长安朝廷，做得太过分了，劝其见好即收，不要小觑长安朝廷，安史之乱都没有改朝换代。统领三川？连南康郡王韦公都没有做到。

刘辟听得不耐烦了，拉着段文昌来到摩诃池西边的那一口龙井旁说，井中现锦鲤了，天降瑞物。

段文昌俯身探望，果然有几尾小鱼在浮游，但行迹可疑，似有人故意放下去的。段文昌见刘辟不听劝告，便听之任之。

刘辟又传召还在闭门休息的薛涛，说要表奏长安，授薛涛为校书郎，兼工部员外郎，与诗人杜甫同等官职。

"请问刘公，假如长安出兵，如何应对？"

"长安出兵伐蜀？长安朝廷已是政令不出兴庆宫，现在能调动的军队只有左右神策军了，那是皇家的唯一血本，兵力有限。"

薛涛望着刘辟，觉得对方贪欲膨胀而失去辨别能力，没有真正的文韬武略，却要窥觑高位，真是德不配位，可怜。

薛涛坚决不从，刘辟看着薛涛的背影，阴沉沉地道：

"即日起，官府停止供给衣粮，准备罚赴松州！"

刘辟面对薛涛的疑问有些支吾，但即刻反应过来，必须防备。于是与卢文若商定：旋举兵扼守鹿头关。

不过，刘辟此次举事，还是有准备的。先前他以剑南西川支度副使的身份，假公济私，慷国赋王税之慨，营结私党。今又以行军司马的身份调动军士，刀逼剑南西川监军使，请奏长安朝廷任命他为三川统帅。

刘辟还向西川的刺史州官公卿们宣扬"三川梦"，刺激他们升官发财的欲望。在刘辟的反复影响下，这些手握兵权与财权的刺史州官公卿亦拉帮结派，形成了大大小小的利益群体，互通声气，互为依靠，表面上听从刘辟号令，公开对抗长安朝廷。

刘辟在向别人赠送梦想的同时，却悄悄地打开府署金库，往自己的府上搬运黄金白银珍宝。

二、大威映

长安城，大明宫。

年轻的御史大夫元稹，是最早上表请求朝廷出兵的人。他以重整朝纲的气度，陈述朝廷的权威不容挑战。面带霜威，他高声地启奏唐宪宗道：

"西川刘辟飞扬跋扈，倘若不除，将成为一个坏的榜样，天下从此就难得太平了。"

然而，元稹从没有想到，自己间接地救了一位女子，一位必定要与自己发生亲密关系的女子。他也没有想到，此举居然为自己后来入蜀埋下了艳遇的伏笔。

元稹似乎注定此生与蜀地有缘，他曾极力称赞同辈诗人杨巨源的少年诗句："三刀梦益州，一箭取辽城。"诗中的益州，就是成都。

人生正是有许多伏笔，才有不停出现的照应。冥冥之中的奇缘，不可言说。

此时，刘辟已攻下东川首府梓州，东川节度使李康弃城而走，奏报长安请选将讨伐。

是用兵，还是授予刘辟为三川统帅？长安城兴庆宫中的君臣们紧急磋商。

唐宪宗没有把握，他深知朝廷只有左右神策军这唯一的精血了，左思右想，难以用兵。

唐宪宗急召宰相杜黄裳应对。

杜黄裳执笏进曰："刘辟一狂蹶书生耳，王师鼓行而俘之，兵不血刃。保义节度使刘澭、武成节度使高崇文，皆刚毅忠勇可用。"

唐宪宗道："二人谁为优？"

杜黄裳答："刘澭峻严整肃，人望而畏，付以专征，必着勋功。"

唐宪宗道："卿选刘澭，甚得其人。然卿虑亦未尽。刘澭性本倔强，只懂河朔规矩，不识朝廷宪章。曾幽系幕吏，杖杀县令。若使他镇蜀，是自掇心腹疾。不如崇文，久将亲军，宽和得众，用兵沈审。"

杜黄裳附和道："皇上英明，崇文是山东渤海人氏，虽不识字，却识国家法度，为人豪爽，极重士子。其若镇蜀，必得人心。"

元和元年春，高崇文官拜检校工部尚书、兼御史大夫，充左神策行营节度使，兼统左右神策、奉天麟游诸镇兵以讨伐刘辟。

神策军在鹿头山与刘辟的守军激战，时遇倾盆大雨，破敌二万。隔日，神策军乘胜进攻万胜堆。高崇文命令骁将高霞寓亲自播鼓，兵士攀缘而上，矢石如雨，又命敢死士连登，夺其堆，烧其栅。

自此，高崇文的神策军入蜀作战，八战八捷，声威动摇成都叛军。

再后，刘辟率亲兵与死党卢文若，携重宝西逃吐蕃。吐蕃曾受其贿赂，准备派兵接应。

高崇文派骁将高霞寓追击至羊灌田，刘辟被逼得走投无路，自投岷江而被擒于涌湍之中。卢文若赴水自溺。

西蜀平定，高崇文率王师进入成都。军令严肃，珍宝山积，市井不移，无秋毫之犯。

高崇文对于叛军武将既降又贰者，依法斩之。当时衣冠陷逆者，皆匍匐衙门庭院前，高崇文条奏全活之。

其中，白面书生王良士，本为刘辟幕僚，罪当斩。高崇文听说他是贞元进士及第，居然当庭释放。

驿巡官沈衍，校书郎段文昌，刘辟曾强迫他们分别做了刺史、巡按。现在两人一起等待发落。

高崇文早已听说段文昌是读书种子，自是佩服，又晓得段文昌的祖父曾为朝廷开国元勋,更加佩服。

起身对段文昌说:"公必为将相,未敢奉下焉。"

又喝斥沈衍道:"公为驿巡职官,附逆投叛!"

旋令枭首于驿门外。

旋与诸公举酒尽欢。席间有俳优艺人,请为上演讽刺责骂刘辟的活报剧,高崇文厉声说:

"刘辟是大臣谋反,非鼠窃狗盗。国家自有刑法,安得下人辄为戏弄?"

令杖责优者,皆令戍边。

高崇文翻手为云覆手为雨的如此做法,瞬间传遍成都城,蜀中读书人更是交口相传,于心戚戚焉。

六神无主的刘辟仅从数十骑落荒而逃。先是自投水,又没有被淹死。被高崇文的兵卒捞起,落汤鸡似的装入木槛车押送长安。

刘辟此时竟然还希望得到特赦,在道途上依旧狂饮暴食,犟起脖子。

到了长安,他被神策兵用铁链拴系颈脖,拖拽而入,居然还嘀咕道:"何至是邪?"

他毕竟曾为一方重臣,唐宪宗在宰相杜黄裳陪同下上兴安楼亲自审问刘辟。

"臣不敢反,五院子弟为恶,不能制。"

刘辟还在狡辩。

"那你为什么又不肯接受朝廷赐封而继续作乱?"

刘辟无言以对,低下了乱蓬蓬的脑袋。

旋即,刘辟被斩首于长安城西南的那棵独柳树下,污血一摊。

时有成都坊间的民谣传唱:

> 武夫真崇文,喜煞读书人。
>
> 辟夫心不足,长安当街哭。

三、一字令

朔冬，风声紧，城池，寒云冻。合江亭，蜡梅盛开，暗香浮动。

刘辟人祸不久，西蜀虽说不如往年富裕，但因没有天灾，寻常街巷生意依旧，熙熙攘攘，黎民百姓各忙生计。

长安朝廷制授高崇文为检校司空，兼成都尹，充剑南西川节度，管内度支营田观察处置，统押近界诸蛮及西山八国云南安抚等使。改封南平郡王，食实封三百户，诏刻石纪功于鹿头山下。

是时，成都冬天大寒，合江园内合江亭的楼阁之上，剑南西川节度使高崇文大宴群僚宾客。

西蜀官员，才俊名流，衮衮诸公，济济一堂，齐聚此地。

其中，当然有专门请到的西蜀才女薛涛校书，因先前薛涛与叛逆划清界线，自然成为座上宾，并特邀至高崇文右边入座。新近被召回的署府旧僚段文昌也位列主桌。

唐时合江亭位于郫江与流江汇合，即今日成都府河与南河汇合处，最初为韦皋所建。合江亭与郫江北岸的张仪楼、散花楼构成一道自西向东的风景线，亭旁筑有楼阁台榭，参植美竹异卉，名号合江园，成为宴游胜地。

楼阁席间，人头攒动，吆五喝六，酒桌上燃起酒令"烽火"，好不热闹。

在那个遍地诗歌的大唐，行伍出身的高崇文却最擅长酒令。

其间有司仪道："今日盛会高大帅款待各方嘉宾，请诸位先敬酒一杯！"

众宾客齐道："干！"

司仪又道："高大帅，国之干臣，战功赫赫，却素善酒令，有哪位愿意上来陪酒助兴？"

位居主座的高崇文，双目炯炯，威风凛凛，气势夺人。

众宾客窃窃私语，纷纷摇头，不敢接招。

司仪焦急，冷场了，左顾右盼，最后锁望薛涛，连连暗示。

"薛涛不才，愿陪大帅斗酒，为诸公解颐！"

薛涛款款站起，笑吟吟地端着酒爵趋身上前："大帅，您可要多备些佳酿哟，要是薛涛输了，一醉方休！"

"薛校书，真个女中豪杰，痛快！"

高崇文大笑道："行一个'一字令'如何？"

"有何规矩？"

"需有一字，既要象形，又要同韵。"

众宾客听后，嘘了一口冷风。虽然平常晓得薛涛辩口了得，今天可是来者不"善"啊，恐怕这下子，薛校书要被难倒啊。座中最担心的是段文昌，他的手心此刻都捏出了汗，专注着薛涛的一言一行，生怕闪失了。

薛涛依旧浅笑："高大人，请。"

高崇文爽声道："吾出令了：'口有似，没梁斗。'"

"哦，人之口，的确是一只没量的斗呀！俗语有'坐吃山空'。高大人，好令，好令！"薛涛连声称赞。

"怎么样？薛校书认罚吧。"

"慢，薛涛有对了：'川有似，三条椽！'"

众宾客一齐鼓掌，心服口服。

不料高崇文端起酒爵，大声武气道："薛校书此令不妥，当受罚！"

"有何不妥？"

"这川字的第一笔是弯的。薛校书，莫非你家屋椽用弯木头做的？"

"高大帅，错也。公为西川中第一长官，都用一只没有梁的破斗！薛涛乃寻常妇道人家，用一根弯木头，有何奇怪？！"

这下惹得高崇文大笑出声，胡须颤动，连连道："妙妙妙，薛校书为天下奇女子，吾今为汝痛饮三大杯！"

众人一起大笑。段文昌飞来一波眼神，薛涛会意轻轻颔首。

实际上，薛涛早已听闻行伍出身的高崇文虽读书不多，经世阅人却自有眼光。

段文昌在刘辟时，被逐放为外邑佐官。高崇文收复剑南西川后，召段文昌重返成都。段文昌等以韦皋参佐身份，披素服穿麻葛鞋，衔土请罪。

高崇文早就听说段文昌出身望族，其五世高祖段志玄为唐朝开国元勋，官至右卫大将军，封褒国公，为凌烟阁二十四功臣之一。今见段文昌虽有些颓表，但不猥琐，便起座以礼待之。段文昌拜谢再三。

高崇文脸上堆笑道："君非久在卑位也。"指了指自己座下椅子，又对段文昌说，"此椅犹不足与君坐。"

他提点着段文昌：为了日后的远大前程，还是赶紧到京城长安去发展吧。

再加上高崇文的军队"入成都也，师屯大达，市井不移，珍货如山，无秋毫之犯"，薛涛对此非常欣赏，对高崇文刮目相看，没有将他单单看成一介武夫。薛涛呈上了《贼平后上高相公》：

> 惊看天地白荒荒，瞥见青山旧夕阳。
>
> 始信大威能映照，由来日月借生光。

诗写得大气却很平易，充满由衷歌颂之情。

此时，司仪特别安排琵琶伴奏者红字娘、唱歌者卓巧巧合演《贼平后上高相公》。

琵琶弹得雅正，歌声清越。满座掌声，满座喝彩。

在酒令上，薛涛从来都是相当较真的。虽说这时的她已经脱离乐籍了，但长期养成的官妓职业道德如此，这是她的性情。她的一双眸子里，有江湖上男子的豪爽，又不乏书卷里女子的幽娴，两者奇妙地融在一起，令她魅力四射。

细致入微的体谅，机智善辩的才情，进退自如的神态，让每一个与她接触的男子都如临高台，如坐春风：既不敢较真，又不能敷衍，同时在关键时节，又可体会到一种女性的温婉与体贴。那真是锦江水长，峨眉山高，幻化出如此妙曼的西蜀才妇。

高崇文虽说在"一字令"的酒令上输给了薛涛，可是他并不气恼，反而拿出匹夫的率真，也叫薛涛生出几分敬意。

西蜀历年缺少冬雪。可这会儿，在酒尽人将散去之际，忽然起风了，天空上雪花霎间漫舞，锦江水面顿时一片迷茫，飘飘洒洒的雪花，好大哟，整座成都城都兴奋起来，欢呼雀跃，无比稀罕。

文士墨客们，指天说地，议论纷纷，一时间热闹起来，叫唤着笔墨伺候，吟赏着这难得的成都瑞雪。

众宾客拥在窗间门口，趋下楼阁，手舞足蹈，互相说雪。一时间似乎忘记了顾及主客之尊，竟将高崇文晾在一边。

忽见高崇文起立，抖了抖大氅，兴致勃勃，干脆径直走下台阶，回顾着红粉佳人，赳赳武夫的他居然凭空也有了诗兴，举手双击道：

"诸君自为乐，殊不见顾鄙夫。鄙夫虽武人，亦有一诗！"

不等众人回过神来，他捋着胡须，自娱自乐地、一字一顿地大声武气口占出：

崇文崇武不崇文，提戈出塞号将军。

那个髇儿射落雁，白毛空里乱纷纷。

众宾客一时听哑了，噤了声：这也为诗？！这么好的雪，漫天的精灵，被比喻成落雁白毛，还不如说成撒盐巴！

只有薛涛一人率先鼓掌，也缓步下了台阶，走向高崇文身旁，连连道："好诗！好诗！高大帅诗如其人，直白中暗藏奇妙，尤其结句对雪花的比喻新奇朴拙妥帖，塞外风景，弯弓射雁，将军本色，大俗亦大雅，佩服！佩服！"

一语定乾坤，红粉佳人称赞弯弓英雄，众宾客叹服。

众宾客联想起了东晋才女谢道韫咏雪的典故，佩服薛涛的机灵。

搔痒恰到好处，犹如一柄精致的云纹如意，让高崇文心情好爽。

四、白荒荒

高崇文不通文字，厌烦大府案牍谘禀之繁，且以优富之地，无所陈力。

实际上，他就是一个"理军有法，而不知州县之治"的赳赳武夫。但他尚有自知之明，屡屡上书，请奏赶快派一能员治理西蜀，且请求领军塞上戍边。

于是唐宪宗下诏由武元衡检校吏部尚书，兼门下郎，同平章事，为剑南西川节度使。

然而，人不能白走，官不会白做，银子不拿白不拿，拿了也白拿。高崇文退出成都时，突然忘了初心，没有了使命，自恃其功而侈心大作，随心所欲而肆意妄为。帑藏之富，百工之巧，举而自随，蜀都一罄。

映照青山的落日忽然暗旧了，犹似一只硕大的独眼，惊看成都大街小巷，狼突犬吠悸悸慌慌的。高崇文的军队失去了节制，从前的秋毫无犯，变成了眼前的鲸吞豪夺。藩镇割据，地擅于将，将擅于兵。禁兵把持于内，藩镇偃塞于外。上下如此，朝廷无法，听之任之，大唐前景堪忧。人到绝处，显露本性；事到紧要，贪廉自分。为了获取拥戴，以饵其军士，憨实的相貌后面，居然抖落出一段洗劫民间的心肠。

这让薛涛始料未及，低了眉目，先惊愕，后目瞪，再口呆，大失所望，没有言语了。

猛可间"咔嚓"一声响，先前那一柄精致的云纹如意，折断了。

薛涛顿时感觉手足发麻了，半边心都是白荒荒的，生满了乱草。

柳絮迷蒙，锦江上一只白鹭孤单地盘旋而下。

碧鸡坊人烟少了许多。娘娘庙去年那面白墙已经污了，"天下太平"几个描红大字，已经残缺，在墙上嘲笑这个灰色索然的人世间。

> 惊看天地白荒荒，瞥见青山旧夕阳。
>
> 始信大威能映照，由来日月借生光。

娘娘庙里的琵琶声伴着歌声，那"惊——看——天地白——荒——荒"的起句唱得衷肠哀怨，让人心悸。

伴奏者与唱歌者，还是红字娘与卓巧巧。原来，自高崇文掠蜀后，西川节度署的教坊便解散了，她俩就进了娘娘庙，做了坤道。

此刻，她们在唱薛涛写的《贼平后上高相公》，但是走了声变了调。

薛涛听得心慌面红，急急叫打住。

见庙里有已故剑南节度使韦皋恩主图像，问道："此为谁人所供？"

"是居士所供，不知姓名。但常有人进香，韦令公恩深于蜀人。"

薛涛问："何为恩深？"

众人答道："百姓税重，令公轮年全放，自令公后，不复有此惠泽。百姓因穷，追思益切。"

薛涛听得若有所思。

红字娘向卓巧巧回忆当年：

当册封后的南诏国国王异牟寻遣使者送来《南诏奉圣乐》时，韦皋他眼睛一亮，来精神了，亲自修改、编导了大型音乐剧《南诏奉圣乐》。

《南诏奉圣乐》是一台以南乐为主，兼具西域胡乐的超级大型乐舞，共有三十首乐曲。演奏人员和执鼓者总共二百一十二人，分为四部，即龟兹部、大鼓部、胡部、军乐部；使用乐器三十多种。仅龟兹部的乐器就有羯鼓、揩鼓、腰鼓、鸡娄鼓、短笛、大小觱篥、拍板各八件；还有横笛、短箫、长箫、方响、大铜钹、贝六种，各四件；总共八十八人操作。分为四列，分置舞台四边。这些中国与西域乐器阵营壮观，以打击乐、吹奏乐为主。

在《南诏奉圣乐》音乐舞蹈剧中，女演员身着南诏贵族妇女的服装，上身为绛赤色绫锦制成的束身短衣，下身为绘有鸟兽草木的裙子，束以金属腰带，半个手臂袒露在外，而称为玉藕。头饰为黑头囊，上披锦方幅，冠为金宝花鬘，以发辫绾成高髻，饰以珠宝、金贝等头饰物。足蹬彩画皮靴，仿照龟兹乐人穿靴的扮相，又是南诏本来的"俗皆跣足"，南风十足。

另外，在表演中变换出汉字，是《南诏奉圣乐》的一大亮点。乐队在演奏过程中，以"南、诏、奉、圣、乐"五个字表演字舞，每舞一字，伴唱一首歌。

舞者十六人，手执羽毛，每四人为一列。舞"南"字时，伴唱歌曲《圣主无为化》；舞"诏"字唱《南诏朝天乐》；舞"奉"字唱《海宇修文化》；舞"圣"字唱《雨露覃无外》；舞"乐"字唱《辟土丁零塞》。每首歌反复唱三遍。字舞结束后，又跳集体舞《辟四门》和独舞《亿万寿》，所伴唱的《天南滇越俗》，为典型的"夷中歌曲"。

最为精彩的是，表演字舞时，还要暗中变换衣饰，场面热闹，有意想不到的演出效果，让观众甚感惊异，欢喜得很，不断发出"哦哟哦哟"的惊叹。

仙乐飘飘，圣心赏悦，忠心可嘉的韦皋因此加检校司徒兼中书令，赐爵南康郡王。

"当年歌舞乐团还在长安进行最后彩排的时候，教坊的师傅们姐妹们就悄悄地来探班潜窥。我的师傅就是在那天传授我弹琵琶不用木拨子而用手指的，这叫搊琵琶。"

红字娘讲得声情并茂，卓巧巧听得如痴如醉。

篇
五

红烛新

武元衡感到薛涛诗的诗境高阔，又非常受用。好一句"锦江玉垒献山川"，薛涛的诗才堪比汉代卓文君，但更有政治见识，人才难得啊。

一、当庭燎

唐人豪饮成风，有席便有酒，有酒必有诗。

一代英主李世民《帝京篇十首·其八》即提倡饮酒作诗之风：

> 欢乐难再逢，芳辰良可惜。
>
> 玉酒泛云罍，兰殽陈绮席。
>
> 千钟合尧禹，百兽谐金石。
>
> 得志重寸阴，忘怀轻尺璧。

一代女皇武则天《早春夜宴》，亦倡饮酒作诗之风：

> 送酒惟须满，流杯不用稀。
>
> 务使霞浆兴，方乘汎洛归。

唐代朝野上下，皆以诗酒风流为人生一大快事。

京都长安如此，地方藩镇更是热闹。为迎贺武元衡以宰相衔兼任剑南西川节度使，节度府署自然大摆"诗酒之席"。

"该走的走了，该来的来了，西蜀很有希望。"

虽说段文昌在悄声地劝薛涛，但他心里还是暗暗感激高崇文的不杀之恩的。

宴会司仪段文昌校书提议道：

"来，宾主们一起来尽兴，先玩分曹射覆，再玩隔座送钩。"

"要得，要得。"

席间众人喧闹。

这是唐朝酒桌上的游戏，所谓"分曹射覆"，就是司仪用数个碗杯，将一枚戒指或一只玉环覆盖住，然后移动数次，让人分成数组来猜碗杯下是有还是无。没有猜着的人罚酒。

只见桌上碗杯迅速地花式移动，宾客们的眼球跟着移动，一起吼道："停！停！停！"

碗杯霎间停住，宾客开始屏息端详、揣猜。

"在这碗杯里！"西川节度署新来的节度推官杨嗣复，端着一只大觥，率先一指：

"有！"

开碗验，众人大笑：

"无！"

这个推官杨嗣复还没有待司仪说"喝"，就仰起脖子咕咕咕地喝起来了，他的脸膛红赤，一直赤到耳根子。

众人又是大笑说："推官好酒量，这叫轰饮。"

"不，是牛饮！"有人纠正。

众人又是大笑。

武元衡不动声色地抿了一口酒，对身旁的段文昌校书道："寓蜀诗人杜甫说得好啊：'蜀酒无敌'，酒劲大！"

段文昌这才注意到，今晚的夜宴全是上的蜀酒中度数最高的"剑南烧春"。

"来、来、来，换一种玩法，玩隔座送钩！"

段文昌高声提议道。

"要得！要得！"

入乡随俗，众人一起用蜀语回应道。

所谓"隔座送钩"，是将一枚戒指或一只玉环作为"钩"在席间传递，握在其中一人拳里，然后大家将拳一齐伸出来，让人来意彄，也就是猜测那只"钩"在何人之手里。

不过，在红烛的照映下，一递一传，一笑一颦的四目相对，亦有有情者暗通讯息。

这会儿，薛涛被抽为意彄人，不过她并不担心猜不着，她要故意绕些花子，让别人以为她真是自己猜着的。实际上，每次都是段文昌递眼神，让藏钩者冤枉地喝酒。

可是，这盘段文昌故意误导薛涛意彄失败。因为有事先约定，三次猜不着者，必须罚酒一杯，作诗一首。

担任司仪的段文昌此刻就存心想要推出薛涛，叫她吟诗而成为今夜的主角，让武相国刮目相看。

薛涛先缓缓地饮了一杯酒，然后慢慢地踱至几案，提笔濡墨，略加沉吟，立马笔走龙蛇：

> 落日重城夕雾收，玳筵雕俎荐诸侯。
> 因令朗月当庭燎，不使珠帘下玉钩。

一张笺一首诗，一首写毕，宾客还在传看，第二首诗又开始写了：

> 东阁移尊绮席陈，貂簪龙节更宜春。
> 军城画角三声歇，云幕初垂红烛新。

"薛校书果然文思敏捷，诗笔不凡！"

武元衡慢声读着《上川主武相国二首》，笑意吟吟道：

"记得《诗经·小雅·庭燎》有句：'庭燎之光'，还记得《汉书·公孙弘传》上有'弘自见为举首，起徒步，数年至宰相封侯，于是起客馆，开东阁以延贤人，与参谋议'。"

武元衡博闻强记，自然明白此为薛涛的诗谏。

"用典，用得妥帖啊！本相国领会了。"

武元衡浅笑着向薛涛致意道："今后，不管汝愿不愿入幕为僚，汝当为吾剑南西川节度署尊贵的东阁宾妓。"

"恭喜武相国揽进宾妓！恳请武相国换大觥饮酒！"

忽然有人大声武气地吆喝道，原来是西川节度署新来节度推官杨嗣复。只见他绷着一张红得发亮的脸，瞪着赤眼，趋前揽酒。

宴席间的气氛一下凝固了。

熟悉的人都晓得，这位杨推官在酒喝高之后，狂起酒劲来，就没有尊尊亲亲了，场面难以控制。

但见端坐的武元衡仍旧笑意挂脸，却不肯换成大觥。

杨嗣复竟然将大觥举起，遂以酒沐浴武元衡，武无衡拱手不动，待沐讫，徐起，轻轻抹下挂在眉梢的酒，用手指弹掉，终不令散宴。

众人噤若寒蝉，每个人似乎只听得见自己的心跳得咚咚。段文昌看得目瞪口呆，心想这武相国真正雅量，民谣有"宰相肚子能撑船"，今夜见识了。

诗酒宴继续，红烛上新。

二、献山川

武元衡治蜀，淡于接物，但人望极好。

前任高崇文虽治军有法，却不知州县治理章法。因此，长安朝廷决定派武元衡入蜀代替。临行前，宪宗皇帝亲自到安福门送行，嘱托。

因为德宗皇帝爷爷曾在延英殿对问考查过武元衡后，目送之，并指示左右曰："元衡真宰相器也。"

那时候武元衡才官为御史中丞，初入官场，但时以端正称重，做事稳当。

高崇文离开成都时，自毁声望，搜刮了大量军资、金帛、帟幕、乐妓、工巧，在一片怨声中绝尘而去。

武元衡治蜀则庶事节约，务以便人，不过三年，公私稍济。抚蛮夷，约束明具，不辄生事。蜀中经济文化的气象又生机勃勃了。

武元衡还是保持着君子之交淡如水做派，而剑南西川节度署极一时之选，人才济济。

少尹柳公绰、观察判官张正一、度支判官崔备、掌书记裴度、节度推官杨嗣复等人，为新进官员；稍后又有萧祐任节度判官。当然，段文昌校书作为西川节度署的旧故也在其中。这些人后来多为中唐、晚唐的朝廷梁柱。

《旧唐书》卷一百六十五记述：

武元衡罢相镇西蜀，（柳公绰）与裴度俱为元衡判官，尤相善。先度入为吏部郎中，度以诗饯别，有"两人同日事征西，今日君先捧紫泥"之句。

柳公绰才略过人，后来官至兵部尚书，其弟是唐朝名臣、书法家、太子太保柳公权。裴度后来数度出镇拜相，历仕穆宗、敬宗、文宗三朝，官终中书令。在为将相二十余年里，先后荐引李德裕、李宗闵、韩愈等名士，重用李光颜、李愬等名将，还保过刘禹锡等人。

武元衡认为薛涛有佐相之才，又为西川节度署故旧，熟悉蜀地蜀人蜀事，欲揽薛涛进入幕僚，便奏请朝廷授薛涛为校书郎。

这件事被元代辛文房《唐才子传》卷六所记识：

及武元衡入相，奏授校书郎。蜀人呼妓为校书，自涛始也。

回想去年，即元和二年（807年）十月，晚秋风寒，武元衡在出镇西川路途上，心情有些忐忑。又取出长安下达的《武元衡西川节度同平章事制》，重温了起来：

地有西蜀，国之奥区。百濮群蛮，外匝于封域。双流重阻，内固于襟带，形胜所属，抚绥惟艰。……

武元衡深知此番入蜀，责任重大，有些担忧地写下了《题嘉陵驿》：

悠悠风斾绕山川，山驿空濛雨似烟。
路半嘉陵头已白，蜀门西更上青天。

到了成都后，武元衡将诗笺分寄，发起唱和。
他收到了长安诗友王建的唱和《上武元衡相公》：

旌旗坐镇蜀江雄，帝命重开旧阁崇。

褒贬唐书天历上，捧持尧日庆云中。

孤情迥出鸾皇远，健思潜搜海岳空。

长得萧何为国相，自西流水尽朝宗。

王建在诗中以汉朝名相萧何暗喻，这让武元衡感觉舒服自得。

但最早收到的唱和诗，是薛涛的《续嘉陵驿献武相国》：

"蜀门西更上青天"，强为公歌蜀国弦。

卓氏长卿称士女，锦江玉垒献山川。

武元衡深感薛涛诗的诗境高阔，又非常受用。好一句"锦江玉垒献山川"，薛涛的诗才堪比汉代卓文君，但更有政治见识，人才难得啊。

武元衡邀请裴度和段文昌一同踱出西川节度署，沿着摩诃池散步。

裴度年龄稍长，为新任的西川节度署掌书记，武元衡将他从长安带来，是看中他的韬略，是看好他的前程。

看着段文昌剑眉英武，身材颀长，遗传着唐朝开国元勋的基因，武元衡心生欢喜，正好他的爱女闺中待嫁。

摩诃池，春水荡漾，春草浅绿。

"'九天开出一成都'，这是花园城市啊！"裴度用诗仙李白的诗句脱口称赞道。

"你们猜猜，前夜杨推官以酒浇头之时，吾在想什么？"

"愿闻相国心思。"

"蜀人性淫佚，蜀酒浓无敌，蜀酒不可倡，亦不可禁。"

武元衡略停，话锋一转道："诸位新近可读了《华阳国志》？"

"蜀之为国，肇于人皇，与巴同囿。……"

"……其地东接于巴，南接于越，北与秦分，西奄峨嶓。地称天府，原曰华阳。"

裴度起头，段文昌和诵。

武元衡击掌，问道："蜀中民情民性如何？"

"其卦值坤，故多班彩文章。其辰值未，故尚滋味。德在少昊，故好辛香。星应舆鬼，故君子精敏，小人鬼黠。与秦同分，故多悍勇。"裴度背诵完毕。

段文昌解释道："蜀人喜欢文学，自文人皆例蜀。蜀人都是美食家，蜀人头脑灵活，蜀人勇敢善战。"

"好！"武元衡取出诗笺道："诸位请阅薛涛的唱和诗，已有'卓氏长卿称士女'句，真是英雄所见略同！"

"裴掌书记，上表长安再次请授薛涛为试校书郎吧。"

经济是雨露，文化是阳光。

武元衡向两位心腹和盘托出自己的治蜀方略：

"前任韦南康文治武功，以武功为主，文治以音乐。但是太重奖赏，以致蜀锦匮供。吾的治蜀方略，第一是恢复经济。其一，大力发展蜀锦。武侯诸葛亮曾说：'今民贫国虚，决敌之资，唯仰锦耳！'种桑养蚕织锦，才是西蜀的经济核心所在。其二，发展益州纸。益州麻纸，纸性优良，坚韧耐用，不易磨损，为大唐官方指定用纸。益州纸乃仅次于蜀锦的第二大宗经济。"

"第二是发展文化。重修武候祠文化工程，西川节度署定期举行诗会，以导向蜀地文风。蜀人好文，多斑彩文章。"

"'卓氏长卿称士女'，"武元衡又顺口引用了薛涛的诗句，说，"司马相如、扬雄、王褒的汉赋文章影响大呢。"

"总之要奉行汉代'文景之治'的无为而治，让蜀地经济恢复生机。"

武元衡侃侃而谈，裴度、段文昌点头称是，不时补充。

武元衡府上，高烛庭燎。武元衡、武夫人、武元衡之女、段文昌，赏菊饮茶。

武元衡深以为段文昌虽说没进士及第，倘若能到长安却堪为翰林学士。

段文昌辞别，武小姐依依不舍，眉目含情。

红烛幽幽，武夫人与武元衡商定段文昌为佳婿，武小姐含羞认可。

三、武侯祠

唐宪宗元和四年（809年），武元衡率地方百官前往成都南郊那座诸葛武侯祠堂，祭祀蜀汉名相诸葛亮。

> 丞相祠堂何处寻？锦官城外柏森森。
> 映阶碧草自春色，隔叶黄鹂空好音。
> 三顾频烦天下计，两朝开济老臣心。
> 出师未捷身先死，长使英雄泪满襟。

暗自默读着杜甫七言律诗《蜀相》，武元衡一行鱼贯而入武侯祠堂，那心情，不知不觉之间就有了登庙堂之高的严肃、崇敬，犹如黄钟大吕，高妙悲壮铿锵。

为了纪念这次祭祀活动，时有幕府裴度欣然命笔，写下了盛赞诸葛亮德行的精妙文章《诸葛武侯祠堂记》。武元衡读后甚慰，便邀请著名书法家柳公绰援笔濡墨书丹，再由碑刻名家鲁建镌铭石碑。

古柏森森，遗庙沉沉。经过剑南西川节度使武元衡的一系列祭祀修缮活动，刘备惠陵旁的武侯祠香火旺盛了，声名赫赫了。

薛涛当然是那次活动的特邀嘉宾。她看出武公深意，注视着这群峨冠广袖的男人煞有介事地做着仪式，她只是含笑。她竟在暗想：西川乃宰相回翔之地，武相国心雄呢。

四、永不看

　　薛涛自第二次从松州返回后，基本上处于半退隐状态，但还没有正式办理脱离乐籍文书。接着便是韦皋突然离世，长安发表袁滋充剑南西川节度使，可是袁滋还没有到任就被贬了。又发表刘辟为川主，可是刘辟得镇即反。再就是高崇文，然后武元衡到任成都，西蜀才算稳定下来。

　　遭遇这一连串经历后，薛涛已经思忖远离政治。她婉拒了武元衡的邀请，写了《罚赴边上武相公二首》：

> 萤在荒芜月在天，萤飞岂到月轮边。
> 重光万里应相照，目断云霄信不传。
>
> 按辔岭头寒复寒，微风细雨彻心肝。
> 但得放儿归舍去，山水屏风永不看。

　　武元衡一边读，一边向掌书记裴度称赞薛涛道："这是女人的边塞诗啊，一点不逊于高适、岑参的诗。"

　　"'但得放儿归舍去，山水屏风永不看。'"又叹了口气，说，"唉，看来薛校书已决意放弃仕途了，吾等就不强求了。"

武元衡有感于薛涛所历苦难，写下乐府诗《行路难》：

> 君不见道傍废井傍开花，原是昔年骄贵家。
>
> 几度美人来照影，濯纤笑引银瓶绠。
>
> 风飘雨散今奈何，绣闼雕甍绿苔多。
>
> 笙歌鼎沸君莫矜，豪奢未必长多金。
>
> 休说编珉朴无耻，至竟终须合天理。
>
> 非故败他却成此，苏张终作多言鬼。
>
> 行路难，路难不在九折湾。

武元衡正式为薛涛办理了脱籍文书，又问了薛涛脱籍后的打算。

后来武元衡差人送了一笔银两来，算是对薛涛作为西川节度署地方女校书的补偿金。

终于脱籍了，脚下的路要自己走了。

选择是痛苦的，回顾才能认清来路。那年参加嘉州弥勒佛典礼的场景又迭次闪回：

> 江涛拍岸，不舍昼夜，无休无止。
>
> 江风吹拂，星落斗转，日月交替。

一浊一清，岷江与大渡河在此交汇，鸥翔鱼潜，帆影点点。

云蒸霞蔚之中，嘉州城宛若江天水波中的海市蜃楼一般，若梦若幻地浮动，白天五彩，夜晚七色，人语喁喁。柴市、米市、豆市、盐市、鱼市、猪市、鸡市、靛市、布市、丝市、麻布市，市市相连，各不相仿。

这便是太平的盛世，有甜美的饮食、美观的衣服、欢乐的习俗、安适的居所。

这便是天上的街市，一到夜晚，远远的街灯明了，天上星星，地上街灯，上下交映，人影憧憧，缥缈美丽，过滤了白天多余的东西，让景色恍惚，让心思浮游。

这便是嘉州弥勒坐佛眼中凝视的风景，这便是嘉州弥勒坐佛心里福佑的城市。

然而，一切都缘于一个愿景。

> 凌云寺在凌云山，一名大佛寺。唐开元初，僧海通于水滨石壁凿一大牟尼像，几就而示寂。贞元初，韦皋尹成都乃足成之。高逾三百六十尺，饰以金碧，覆以层阁，韦有记。

明代万历年间的《嘉定州志》如此记述，这是迄今为止所知的嘉州（乐山）最早的地方志。这版州志所述的"韦"，就是薛涛的恩主剑南西川节度使韦皋。他有《嘉州凌云寺大弥勒石像记》庆典祭文。

薛涛清楚记得，那篇庆典祭文是她草拟，经段文昌修饰后，她再修饰，最后交给恩主韦皋审定的。

段文昌，字墨卿，后来为中唐的文章圣手，名声与中唐才子元稹、诗魔白居易齐肩。但当时他们同在节度府署供职，段文昌授为校书郎，让薛涛羡慕。

段墨卿与薛洪度，剑南西川节度署的"笔墨金童玉女"，坊间如此传说他俩的名号。

薛涛之所以得到如此信任，是因为在之前薛涛以恩主韦皋的名义撰写了《再修大慈寺普贤菩萨记》。其中的起句"真如常寂，色相假名"以佛理禅意，先声夺人；中间的描述句子"莲开慈颜，月满毫相"，比喻适当，音韵合辙；以及记述施工场面"千夫唱，万夫和。奋虆坝，岑穹崇，横绠运，巨力拔"，更是深接地气，将杭育劳作热火朝天的气氛表现出来了。总之，《再修大慈寺普贤菩萨记》在剑南西川节度署内外竞相传递。都说韦相慧眼识才女，让恩主开心得很。这次写《嘉州凌云寺大弥勒石像记》，因关系流传千古，所以让薛涛与段文昌一起草拟修饰。

这尊以凌云山山体为身躯的弥勒大佛像，于唐开元初年（713年），由凌云寺的海通和尚最初规划、募化修建。为了造佛治水"而功巨用大，其费亿万金，全身未毕，禅师去世"。

接续由益州长史、剑南节度使兼采访史章仇兼琼，"持俸钱二十万济其经费"，加之"开元中，朝廷诏赐麻盐之税，实资修营"。

嘉州弥勒石像，工程实在宏大，于是继海通、章仇兼琼之后，"贞元五年，有诏郡国伽蓝修旧起废"；剑南西川节度使韦皋，又"以俸钱五十万佐其费"，工程才又得以继续。

"于是万夫竞力，千锤齐奋。"最终历时九十年，僧界、地方、朝廷三方，耗尽近三代人的精力与财力，这座浩大的文化工程终于圆满完成。

嘉州弥勒石像终于落成了，时为唐德宗贞元十九年（803年）。

在这尊石像背后，还有一段"剜目示心"的悲壮：

唐开元年间，贵州僧人海通云游嘉州。朝峨眉，谒凌云寺，发现凌云山下水患严重，人民苦不堪言。海通又于岷江对岸，遥望凌云山仿佛为一尊弥勒大佛，隐隐然端坐于林木竹草间。于是发下宏愿，造佛治水。"谓石可改而下，江或积而平。若广开慈容，增廓轮相，善因可作，众力可集。由是崇未来因，作弥勒像。"为了开凿大佛石像，海通化缘集资远及江淮。又实地勘测规划，主持凿山建造。然而，"时有郡吏将求贿于禅师，师曰：'自目可剜，佛财难得！'吏发怒曰：'尝试将来！'师乃自抉其目，捧盘致之。吏因大惊，奔走祈悔"。

剜目示心，需要何等的勇气、何等的坚忍？！海通禅师本身就是一尊惊天地泣鬼神的稀世美玉磐石！

神启之光忽然闪亮，薛涛心中沉积的郁闷一扫而光，试校书郎的美梦不做也罢，天地宽广得很，她通透了。

篇
六

锦城花

　　透过诗歌的纸烟笺云，聪慧的薛涛体悟出大唐有两个
世界：一是官人的世界，二是诗人的世界。官人的世界风
风雨雨，风雨过后，摧残摧毁多少黄粱梦。诗人的世界云
云烟烟，云烟过后，成长成就多少文学梦。

一、西亭诗

唐代张为《诗人主客图序》，专论中晚唐诗人风格，其中武元衡被尊为"瑰奇美丽主"。可见武元衡政务之暇是陶醉于诗歌的。

武元衡为了西蜀成都的诗歌唱和，专门修建了西亭，作为唱和的场所。

西亭实际上是一座巍峨华丽的楼阁，坐落在西川节度署西边，因而命名为西亭。西亭的飞檐上挂了铜铃，每当成都起风，声响五里，成都的百姓就会调侃地说：武相国又在开诗会了。

西亭唱和，诗人雅集。武元衡在唐宪宗元和二年（807年）十月入蜀，元和八年（813年）二月召还，在蜀七年。镇蜀期间，淡于接物，厚于待人，倡导推动了西川诗歌的繁荣。

节度判官萧祐的《奉陪武相公西亭夜宴陆郎中》：

> 弘阁陈芳宴，佳宾此会难。交逢贵日重，醉得少时欢。
> 舒黛凝歌思，求音足笔端。一闻清佩动，珠玉夜珊珊。

从事崔备的《奉陪武相公西亭夜宴陆郎中》：

> 宾阁玳筵开，通宵递玉杯。尘随歌扇起，雪逐舞衣回。

剪烛清光发，添香暖气来。令君敦宿好，更为一裴回。

从事卢士玫的《奉陪武相公西亭夜宴陆郎中》：

华堂良宴开，星使自天来。舞转朱丝逐，歌馀素扇回。
水光凌曲槛，夜色霭高台。不在宾阶末，何由接上台。

王良士有《奉陪武相公西亭夜宴陆郎中》：

芳气袭猗兰，青云展旧欢。仙来红烛下，花发彩毫端。
海岳期方远，松筠岁正寒。仍闻言赠处，一字重琅玕。

这个王良士，就是那个高崇文当庭释放的贞元进士。

说到当初的蜀乱，如果说段文昌是情有可原，身不由己，身在曹营心在汉，则王良士本该是罪不可赦。他跟了刘辟，是心在曹营身在汉，是附逆。高崇文只因听说他是贞元进士，便宽宥了他。而武元衡只因他熟悉西蜀事务，也让他进了幕府。王良士实在好运，没有去做孤魂野鬼，反而在乱世之后可以悠闲自在地陪武相国西亭宴集。

卢士玫，山东右族，以文儒进，品性端厚，与世无争。卢士玫是韦皋幕中的旧人了，薛涛与他熟识，有诗《送卢员外》：

玉垒山前风雪夜，锦官城外别离魂。
信陵公子如相问，长向夷门感旧恩。

元和八年（813年）二月，朝廷召武元衡返回长安担任宰相。同年冬天卢士玫离蜀赴长安任吏部员外郎。此诗是薛涛请卢士玫代向武元衡致意的。诗中以古喻今将武元衡比作信陵君，薛涛自比为信陵君的上客、夷门抱关吏侯嬴。即卢士玫谒见武相国时，请其叙说近况，薛涛在西川遥拜武相国了。当然这是后话了。

二、锦楼韵

在西亭雅集外，武元衡的诗会还玩锦楼分韵。

锦楼，是西川官署的又一处楼台，因坐落在锦江边而得名。如果说西亭雄伟，锦楼便是秀丽；西亭是四周开敞的，锦楼则是四围雕窗。每逢成都高秋，锦楼赏月，是西川节度署的文士们的传统节目。

书法家从事柳公绰的《和武相锦楼玩月得浓字》：

> 此夜年年月，偏宜此地逢。近看江水浅，遥辨雪山重。
> 万井金花肃，千林玉露浓。不唯楼上思，飞盖亦陪从。

从事张正一的《和武相公中秋锦楼玩月得苍字》：

> 高秋今夜月，皓色正苍苍。远水澄如练，孤鸿迥带霜。
> 旅人方积思，繁宿稍沉光。朱槛叨陪赏，尤宜清漏长。

从事崔备的《和武相公中秋锦楼玩月得前字、秋字二篇》：

> 清景同千里，寒光尽一年。竟天多雁过，通夕少人眠。

照别江楼上，添愁野帐前。隋侯恩未报，犹有夜珠圆。

四时皆有月，一夜独当秋。照耀初含露，裴回正满楼。
遥连雪山净，迥入锦江流。愿以清光末，年年许从游。

三、尊宾妓

唐宪宗元和三年（808年），脱籍后的薛涛，亦时常被邀请到西亭、锦楼做客。

武元衡尊她为"宾妓"，专门为她写了《西川使宅有韦令公时孔雀存焉，暇日与诸公同玩，座中兼故府宾妓兴嗟久之，因赋此诗用广其意》：

> 荀令昔居此，故巢留越禽。动摇金翠尾，飞舞碧梧阴。
> 上客彻瑶瑟，美人伤蕙心。会因南国使，得放海云深。

这是唐代最早的一首咏孔雀诗，以摩诃池畔的孔雀象征薛涛，这是那个时代对出身于节度署教坊乐营诗人的最高礼遇了。

薛涛读诗后，心里深深感激武相国答应放飞她了。

韩愈的《奉和武相公镇蜀时咏使宅韦太尉所养孔雀》：

> 穆穆鸾凤友，何年来止兹。飘零失故态，隔绝抱长思。
> 翠角高独耸，金华焕相差。坐蒙恩顾重，毕命守阶墀。

此时，韩愈在长安担任国子监博士，后又请求调任东都洛阳继续担任国子监教授，并领导了中唐的古文运动，同时复兴儒学，创立新诗派，他在文坛与诗坛上的名气实在太大了。

白居易的《和武相公感韦令公旧池孔雀》：

> 索莫少颜色，池边无主禽。难收带泥翅，易结著人心。
> 项毳落残碧，尾花销暗金。放归飞不得，云海故巢深。

元和十年（815年），白居易这年四十四岁，在长安担任太子左赞善大夫，虽说为五品官，但名头大。更厉害的是白居易在长安的诗名，此时他不仅有早年的成名作《赋得古原草送别》，更有《卖炭翁》流传于坊间，还有长诗《长恨歌》传唱于青楼而一时纸贵。

早在元和四年（809年），奉命出使成都的王建，在晓知薛涛与孔雀的故事后，还写了《伤韦令孔雀词》：

> 可怜孔雀初得时，美人为尔别开池。
> 池边凤凰作伴侣，羌声鹦鹉无言语。
> 雕笼玉架嫌不栖，夜夜思归向南舞。
> 如今憔悴人见恶，万里更求新孔雀。
> 热眠雨水饥拾虫，翠尾盘泥金彩落。
> 多时人养不解飞，海山风黑何处归。

王建在诗里说成都摩诃池畔的那只孔雀是与南康王韦皋相关的，而在武元衡治下得到了关照。元和八年（813年），王建又写了诗《和武门下伤韦令孔雀》：

> 孤号秋阁阴，韦令在时禽。觅伴海山黑，思乡橘柚深。
> 举头闻旧曲，顾尾惜残金。憔悴不飞去，重君池上心。

成都连接长安，这些诗让薛涛名声远扬。自此西蜀的薛涛，在大唐的诗坛上，有了一个美丽的绰号："孔雀"。

四、满禅居

实际上，在武元衡的成都诗会之前，引导薛涛作诗的人，还有蜀中诗僧广宣。

诗僧广宣，蜀中人。元和、长庆时奉诏居长安安国寺红楼院，以诗应制供奉十余年，有《红楼集》一卷。

诗僧广宣，在会昌年间有诗名，与刘禹锡关系一向亲密。

刘禹锡有《广宣上人寄在蜀与韦令公唱和诗卷，因以令公手札答诗示之》：

> 碧云佳句久传芳，曾向成都住草堂。
>
> 振锡常过长者宅，披衣犹带令公香。
>
> 一时风景添诗思，八部人天入道场。
>
> 若许相期同结社，吾家本自有柴桑。

段文昌也有《还别业寻龙华山寺广宣上人》：

> 十里惟闻松桂风，江山忽转见龙宫。
>
> 正与休师方话旧，风烟几度入楼中。

杨巨源亦有《春雪题兴善寺广宣上人竹院》：

> 皎洁青莲客，焚香对雪朝。
> 竹内催渐沥，花雨让飘飖。
> 触石和云积，萦池拂水消。
> 只应将日月，颜色不相饶。

韩愈有《广宣上人频见过》：

> 三百六旬长扰扰，不冲风雨即尘埃。
> 久惭朝士无裨补，空愧高僧数往来。
> 学道穷年何所得？吟诗竟日未能回。
> 天寒古寺游人少，红叶窗前有几堆。

当诗坛的巨擘们濡墨挥毫的时候，薛涛还在替人端砚、磨墨、洗笔。

同朝诗人章孝标也有《蜀中赠广宣上人》：

> 曾持麈尾引金根，万乘前头草五言。
> 疏讲青龙归禁苑，歌抄白雪乞梨园。
> 朝惊云气遮天阁，暮踏猿声入剑门。
> 今日西川无子美，诗风又起浣花村。

薛涛在韦皋幕中时，广宣上人正好居住在成都，因此结识。

薛涛在一次参加韦相国的诗歌唱和会时，写下了《宣上人见示与诸公唱和》：

> 许厕高斋唱，涓泉定不如。
> 可怜谯记室，流水满禅居。

薛涛见到诗僧广宣上人时，她自己才刚刚步入诗坛，因此是"厕之宾客之中"，"厕"即"闲"，就是"闲之宾客之中"，属于可参与唱和与不参与唱和之间的人。但是薛涛此时已经跃跃欲试了，尽管是属于细流涓涓的流水，但到底还是有自己的声响。然而，那时的诗僧与人的唱和，在薛涛眼里都属于高山流水之作，好高雅。

猫看多了鸟飞，也会长出翅膀。薛涛替人磨墨多了，也生出了诗心。

青年诗人雍陶有《安国寺赠广宣上人》：

> 马急人忙尘路喧，几从朝出到黄昏。
> 今来合掌听师语，一似敲冰清耳根。

元稹也有《和王侍郎酬广宣上人观放榜后相贺》：

> 渥洼徒自有权奇，伯乐书名世始知。
> 竞走墙前希得俊，高悬日下表无私。
> 都中纸贵流传后，海外金填姓字时。
> 珍重刘簩因首荐，为君送和碧云诗。

可见诗僧广宣上人交往唱和的广泛。

远道而来的人，都想要得到诗僧广宣上人的点拨。

薛涛是近水楼台，岂能不向诗僧广宣上人请教！

薛涛冰清玉洁，又慧根很高，亦乐于接受指导。诗僧广宣上人将所有唱和诗都开示与薛涛，让她手抄心悟。如此，薛涛慢慢地领悟了作诗之道。

薛涛最初的诗，青涩，可是她的进步令人惊讶。

薛涛当然是西亭雅集和锦楼分韵的座上宾，她一袭红绡分外显目。

薛涛是诗会的活跃分子，她诗才敏捷，能活跃诗会气氛。

薛涛在诗会上，喜欢当朝书法名家柳公权兄弟柳公绰的书法，对萧祜的诗歌另眼相看，觉得卢士玫的诗也很有味道。

薛涛最喜欢武相国作的诗，每首都读，又常常抄于十色彩笺上，送呈西川府署。

武元衡见到薛涛的书法，章法奇峻，纵横烟云，大为赞赏。

武元衡的蜀中诗作近四十首，占他全部诗作的五分之一。

武元衡为蜀中风景所陶醉，作《古意》：

> 蜀国春与秋，岷江朝夕流。
> 长波东接海，万里至扬州。
> 开门面淮甸，楚俗饶欢宴。
> 舞榭黄金梯，歌楼白云面。
> 荡子未言归，池塘月如练。

又作《摩诃池宴》：

> 摩诃池上春光早，爱水看花日日来。
> 秾李雪开歌扇掩，绿杨风动舞腰回。
> 芜台事往空留恨，金谷时危悟惜才。
> 昼短欲将清夜继，西园自有月裴回。

还作《同幕府夜宴惜花》：

> 芳草落花明月榭，朝云暮雨锦城春。
> 莫愁红艳风前散，自有青蛾镜里人。

再有《赠佳人》：

> 步摇金翠玉搔头，倾国倾城胜莫愁。

若逞仙姿游洛浦，定知神女谢风流。

并有《听歌》：

> 月上重楼丝管秋，佳人夜唱古梁州。
> 满堂谁是知音者，不惜千金与莫愁。

武元衡的诗多入曲。红字娘的琵琶铮铮，卓巧巧的歌喉婉转。

武元衡发起的成都诗歌唱和，一时间让大唐诗坛都倾斜于西蜀的文化，让大唐的诗人都艳羡西蜀的风景了。

皇甫镛有《和武相公闻莺》：

> 华馆沈沈曙境清，伯劳初啭月微明。
> 不知台座宵吟久，犹向花窗惊梦声。

皇甫镛，第进士，元和中，时任河南尹。

杨巨源有《和武相公春晓闻莺》：

> 语恨飞迟天欲明，殷勤似诉有馀情。
> 仁风已及芳菲节，犹向花溪鸣几声。

杨巨源，贞元五年（789年）进士。历任太常博士、凤翔少尹、国子司业、河中少尹等职，他一生吟咏，与令狐楚、白居易、刘禹锡、权德舆等相唱和，诗风清新，其近体诗格律工致，深受诗评家称赞。《全唐诗》编存其诗一卷。

杨巨源还有《城东早春》：

> 诗家清景在新春，绿柳才黄半未匀。
> 若待上林花似锦，出门俱是看花人。

此公七言平远细深，是中唐第一高手。计有功《唐诗纪事》："巨源在元和时，诗韵不为新语，体律务实，功夫颇深，且暮吟咏不辍。"

武元衡的西亭与锦楼诗会，波及远在朗州做司马的刘禹锡。

刘禹锡亦寄来《江陵严司空见示与成都武相公唱和因命同作》诗：

> 南荆西蜀大行台，幕府旌门相对开。
>
> 名重三司平水土，威雄八阵役风雷。
>
> 彩云朝望青城起，锦浪秋经白帝来。
>
> 不是郢中清唱发，谁当丞相拂天才。

在刘禹锡诗中，薛涛感到了西亭与锦楼诗会的影响力之大，还晓得了成都老乡、欣赏自己的前辈严绶严相公已做了荆南节度使，兼江陵尹，真是一件大好事情。

那一阵子，薛涛在西亭与锦楼的诗会唱和中，诗歌水平日益精进。

那一阵子，薛涛忙于鱼筒传笺，但见笺纸大大小小、长长短短，粗糙的、细巧的、乱蓬蓬的，心想真是枉费了才子们的好诗锦句。

她暗自下决心，要研制出质地良好的诗笺。她的浣花溪的生意，原本为了个体营生，现在有了一个文化理想。

纸是烟霞，笺是云，云烟氤氲，诗风阵起。武元衡的成都诗会，将成都建成了大唐的诗城。透过诗歌的纸烟笺云，聪慧的薛涛体悟出大唐有两个世界：一是官人的世界，二是诗人的世界。官人的世界风风雨雨，风雨过后，摧残摧毁多少黄粱梦。诗人的世界云云烟烟，云烟过后，成长成就多少文学梦。

铜镜子

女人之命运，犹似猫瞳，迷离变幻不可捉摸。

铜镜子是猫眼睛，流水无相。明知人生是一镜不醒的梦，玉箸垂朝镜，即使流着泪水，女人还是要照镜子的的，想在镜子里找到另外一个世界。

一、铜镜子

又到端午节了。

唐都宫廷有五月五日进新镜的旧俗。

唐代李肇《唐国史补》记述：

> 扬州旧贡江心镜，五月五日扬子江中所铸也。或言无有百炼者，或至六七十炼则已易破难成，往往有自鸣者。

白居易有《百炼镜》诗：

> 百炼镜，镕范非常规。
>
> 日辰处所灵且祇。
>
> 江心波上舟中铸，五月五日日午时。
>
> 琼粉金膏磨莹已，化为一片秋潭水。
>
> 镜成将献蓬莱宫，扬州长史手自封。
>
> 人间臣妾不合照，背有九五飞天龙。
>
> 人人呼为天子镜，我有一言闻太宗。
>
> 太宗常以人为镜，鉴古鉴今不鉴容。

四海安危居掌内，百王治乱悬心中。

乃知天子别有镜，不是扬州百炼铜。

传说在唐天宝三年（744年），扬州进水中镜一面。镜面直径九寸，青莹耀目，镜背有盘龙纹饰。据进镜官李守泰说：这是扬州铸镜工匠吕晖，于船上置炉，行至扬子江上，取江心水所铸的真龙宝镜。很神，能够在大旱日祈雨。时有民谣："盘龙盘龙，隐于镜中。分时有象，变化无穷。兴云吐雾，行雨生风。上清仙子，来献圣聪。"

宋代洪迈《容斋随笔·五笔·端午贴子词》亦记述：

唐世五月五日扬州于江心铸镜以进，故国朝翰苑撰端午贴子词，多用其事。然遣词命意，工拙不同。

唐时成都亦有"五月五，过端午，青羊肆，买铜镜"的旧俗。

今年的五月五，再没有人陪薛涛去青羊肆购铜镜了，她也懒得去了。

薛涛有收藏铜镜的爱好。女人喜欢镜子，那是天然的。此刻，薛涛一人闲坐，取出所藏铜镜，一面一面擦拭着，回忆着往事。

这一面本朝铜镜月宫镜，镜背中央一株大树拔地而起，树干虬曲，三裂叶。树左侧为一飞舞的仙子，衣带卷曲飘拂。右侧为一玉兔直立，竖双耳，两前肢握杵往药臼中捣药。树下卧一只蟾蜍，左右下方各浮祥云。

记得这面月宫镜是南康王韦皋赠予的，可是赠镜的人已去世了，薛涛有些怅然。

她又想起嘉州的大佛，佛足下的江水，远远望去，水平如镜。

"有时锁得嫦娥镜，镂出瑶台五色霞。"这是那年嘉州大佛落成典礼时，她写的《赋凌云寺》中的诗句。那嫦娥镜是月亮啊，月亮是女人最大最小、最远最近的镜子啊。

她还想起自己的《十离诗·镜离台》：

铸泻黄金镜始开，初生三五月徘徊。

为遭无限尘蒙蔽，不得华堂上玉台。

女人之命运，犹似猫瞳，迷离变幻不可捉摸。

铜镜子是猫眼睛，流水无相。明知人生是一镜不醒的梦，玉箸垂朝镜，即使流着泪水，女人还是要照镜子的，想在镜子里找到另外一个世界。

她所藏最奇的铜镜是春秋的阳燧镜，双弦钮，镜背饰满蟠虺纹。蟠虺，盘屈的小蛇，据说五百年化为蛟，蛟五百年化为龙。

阳燧镜镜面凹下，可将光源聚集于焦点上，升温点火。

《淮南子》上述："敌阳燧见日，则燃而为火。"

回想起来，这面阳燧镜是几年前的五月五端午，段文昌陪她闲逛青羊肆时所购的。段文昌后来说，当时就恍惚感觉到薛涛就是一面阳燧镜，与她在一起，总是让人兴奋激动不已，快乐得很。

记得还是在那天，在金石文玩店里，薛涛还捡起一面西汉的蟠龙纹镜。此镜背，瓦钮，双龙钮座，外围铭文带一周十一字，"大乐富千秋万岁宜酒食鱼"，以鱼纹为句首尾的间隔。主题纹饰为分列于四方的花蒂形图案，以此形成的四条蟠龙，龙头居中而甚小，躯体作复杂的盘旋结状。镜面平坦，白光极为精美。

段文昌以为薛涛要收入囊中，结果她放下了。

段文昌接过来，瞧了又瞧。

薛涛见他爱不释手，便问："喜欢？"

"喜欢极了。"

原来，段文昌见到"宜酒食鱼"四字，唤起了当年的饥饿记忆，便喜欢上了这面铜镜。

"真的想买下？"薛涛问。

段文昌微微点头肯定。

一询价，店主不理会，只是一味介绍此镜如何富丽堂皇，如何寓意吉兆。

段文昌听得心里痒，认定今日定要购置此镜，他日才能飞黄腾达。

店主似乎也看透了段文昌的心思，嘴角呈现一丝狡黠笑意，但转瞬即逝，接着报出一个虽高却不离谱的价来。

然而，只见薛涛拿起了这面西汉铜镜，笑道："请店主借一步说话。"一番言语后，店主与薛涛又返回来。只见店主望着段文昌，笑容勉强，但还是想将生意做成。

薛涛像是在代店主再问道："真买？"

段文昌点了点头。

"那就付刚才价格的三分之一即可，请看清楚货色了，不得后悔！"

段文昌大喜过望，接过这面西汉大乐贵富蟠龙纹镜，又看了看，便付了通宝。

从青羊肆出来，段文昌一面抚玩着这面铜镜，一边问："姊姊是如何教那店主如此大幅让价的？"

薛涛笑道："校书郎大官人，请看清楚这铜镜上铭文。"

"大乐贵富，千秋万岁，宜酒食鱼。"

"唉，'贵'字在哪里？你还是校书郎！"

段文昌这才发觉铜镜上漏铸了"贵"字，恍然大悟。自此从心底佩服薛涛做女人的精明。

薛涛随手取出一面铜镜，又让段文昌辨识。

哦，这是"真子飞霜铭文镜"，铭文为："凤凰双镜南金装，阴阳各为配，日月恒相会，白玉芙蓉匣，翠羽琼瑶带，同心人，心相亲，照心照胆保千春。"

段文昌反问道这一段铭文有啥好，薛涛笑而不答。

她只能在心底暗暗吟了一遍自己的《春望词四首》之一：

那堪花满枝，翻作两相思。玉箸垂朝镜，春风知不知。

对于眼前这位有王朝贵族血统的青年男人，她太知根知底了，门不当户不对的她只能藏起自己的美好愿望，真心祝福人家的大好前程。

想到这里，薛涛心底绽出一朵微笑。

二、快催妆

西川节度使武元衡之女下嫁段文昌校书郎。整个成都城都有热闹可以看了。

新郎官段文昌披红挂花，西川节度署的同僚们、薛涛和浣花溪的姐妹们组成了迎亲的仪仗队。鼓乐吹打引导进行，彩舆花车跟进，前往武府迎亲。成都城万人空巷，如同过节。

武小姐还在闺楼画眉，不断地转头向丫鬟询问。

"小姐你快点嘛，人家段郎君的人已在府门外催妆了。"

"'画眉深浅入时无'？"

武小姐居然引用起诗句来了，显然她是故意在拖延时间。

"新妇子催出来！新妇子催出来！"

领呼的是浣花溪薛涛笺作坊的红字娘，她的扮相显眼得很，声气也大。

"新妇子催出来！新妇子催出来！"

围观的民众，也成了迎亲队的帮腔。

西川节度署的同僚们推举掌书记裴度为傧相司仪。

众人见新娘半天还没有从闺楼下来，就让裴度唱催妆诗。

催妆诗的内容一般是赞美新人郎才女貌，天作之合，催促新娘子快点梳妆完毕，早登彩舆花车。

　　　　武府公主贵，出嫁文昌家。武母亲调粉，日兄怜赐花。

　　　　催铺柏子帐，待障七香车。借问妆成未，东方欲晓霞。

　　"唱得好！唱得好！"围观的街邻齐声称赞。

　　西川府署同僚们相当惊讶：怎么平常一向严谨的裴度，今日居然也有点搞怪了！他不按规矩让新郎段文昌自唱自作催妆诗，居然顺口改唱出唐顺宗云安公主下嫁驸马刘士泾时的傧相陆畅当场所作的五言诗。

　　有人悄声开释道：西蜀民风喜好文章夸饰，不像长安那样讲究道德，反以好文刺讥。裴度掌书记在大喜日子里，如此做法，虽说有点僭越，却是入乡随俗啊。

　　对、对、对，同僚们转念一想，这里是西蜀，不是长安。

　　新娘终于上了段文昌的彩舆花车，一行车马随行浩浩荡荡。

　　鼓乐吹打奏起了送新曲，红字娘、卓巧巧齐唱《召南·鹊巢》：

　　　　喜鹊把巢筑，布谷飞来住。

　　　　这姑娘，要出嫁，

　　　　百辆彩车去迎她。

　　　　喜鹊把巢筑，布谷飞来住。

　　　　这姑娘，要出嫁，

　　　　百辆彩车送走她。

　　　　喜鹊把巢筑，布谷飞来住。

　　　　这姑娘，要出嫁，

　　　　百辆彩车成全她。

　　作为嘉宾，薛涛从心底祝福自己的男闺蜜段文昌成为武相国元衡的乘龙快婿，她很清楚这就意味着段文昌前程无量。可是，不知怎么薛涛自己却心若采莲划舟。

三、挡障车

送亲队伍突然停了下来。

原来另一番闹婚的活动又开始了。

"障车"，就是参加迎亲和送亲的人以及前来观礼看热闹的人，要挡道拦下新娘的彩舆花车讨要喜酒喜财。

自古事冠人伦，世绵凤纪。庭列鼎钟，家传践履。江左雄张，山东阔视。王则七世侍中，杨则四人太尉。虽荣开国承家，未若因官命氏。儿郎伟峨使主，炳灵标秀。应瑞生贤，虹腾照庞，鹏运摩天。雕彩泫甘，缀齿牙而含咀。颠龙倒凤，荣肺腑而盘旋。千般事岂劳借箸，万里程可在著鞭。不学吕望竿头，钓他将相。

不作李膺船子，诈道神仙。夫人班浚发，金缕延长。令仪淑德，玉秀兰芳。轩冕则不饶沂水，官婚则别是晋阳。两家好合，千载辉光。儿郎伟且子细思量，内外端相。事事相亲，头头相当。某甲郎不夸才韵，小娘子何暇调妆。甚福德也，甚康强也。二女则牙牙学语，五男则雁雁成行。自然绣画，总解文章。叔手子已为卿相，敲门来尽是丞郎。荣连九族更千箱，见却你儿女婚嫁，特地显庆高堂。

儿郎伟童童遂愿，一一夸张。且看抛赏，必不寻常。帘下度开绣闼，帷中踊上牙床。珍纤焕烂，龙麝馨香。金银器撇来雨点，绮罗堆高并坊墙。音乐嘈囋，灯烛荧煌，满盘罗馅，大榼酒浆。儿郎伟总担将归去，教你喜气扬扬。更扣头神佛，拥护门户吉昌。要夫人娘子贤和会事安存，取个国家可畏忠良。

念读《障车文》的人居然是那日在武元衡宴席狂酒的西川推官杨嗣复，他真是一个闹主，但他的确有官运，后来竟做了剑南东川节度使。

他摇头晃脑地、装模作样地、作古正经地将《障车文》读得拖腔拖调，长声吆吆的。

“取个国家可畏忠良”，薛涛心想这个杨嗣复，一向胡话昏语，今天可算说了句吉语，预示了段文昌的锦绣前程。

众人笑弯了腰。傧相司仪裴度举了一觞酒给杨嗣复，又塞一大把开元通宝小钱给他，连声说“够了，够了，开道！”

鼓乐吹打齐鸣，浩浩荡荡的队伍又重新摆动起来。

一路过场，一路折腾，终于抵达段府。

新娘到了夫家府门前，缓缓扶下彩舆花车后，按唐俗还要讲究蒙面盖头，以避冲撞天神，足不踩泥沾地，以避地煞神冲撞。

因此，要在新娘经过之处铺上地毡或席子之类，一般从大门外一直铺至厅堂洞房。如所经过处距离较长，就需安排人一路传递连续接转铺席，称之为“传席”或“转席”。此时，传席相递如风卷，新人步履若春燕。

新娘进门后，还要“坐马鞍”。婚礼施帐，新妇坐鞍，寓意新人安稳同载。

薛涛观看婚礼后，是夜展开红笺，濡墨，为祝福男闺蜜段文昌，表达自己的心情，写了一首轻快的《采莲舟》：

风前一叶压荷蕖，解报新秋又得鱼。
兔走乌驰人语静，满溪红袂棹歌初。

这年段文昌都三十五岁了，终于成了家。剑南西川府署上上下下都晓知，段文昌能成为武相国的上门赘婿，月下老是薛涛。

　　薛涛很满意自己的牵线成功，段文昌亦很感激做红娘的薛涛。

　　然而，细看薛涛眼角的鱼尾纹，段文昌又从心底有几分焦急，薛涛自己都三十八岁了，斗转星移，日月如梭，风花日将老，佳期犹渺渺。

四、君将去

武夫人反复地向女儿叮嘱着。

武元衡将老友李吉甫、裴垍的举荐信交给了段文昌。

请托这两位老宰相出马，为快婿段文昌在朝廷上开山铺路，可见武元衡的老谋深算、用心良苦。

裴垍乃垂拱中宰相裴居道七代孙，弱冠举进士。在朝廷上，一向有制举贤良、对策第一的好名声。连好友李吉甫都称赞裴垍说："选擢贤俊，卿多精鉴。"

说的是当年李吉甫初登相位，极需人才，裴垍竟一口气举荐了三十余位人才。

李吉甫少好学，自能属文，二十七岁时，就为太常博士，该洽多闻，尤精国朝故实，沿革折衷，时多称之。后为翰林学士，转中书舍人，而登相位。李吉甫性极聪敏，详练物务。西蜀刘辟反叛时，唐宪宗下令诛讨。在商讨时，李吉甫建议出动江淮之军，由三峡路入蜀，以分蜀寇之力，得到首肯。李吉甫著有《元和郡县图志》五十四卷，分天下诸镇，纪其山川险易故事，各写其图于篇首。

武元衡建议段文昌一定要细读本朝宰相李吉甫的《元和郡县图志》。

段文昌即将离开成都，到长安入朝。官职已定，以正九品下之登州县尉官衔，入朝为集贤校理。段文昌由此从西蜀地方幕僚，成为长安国朝官员。

西川节度署同僚话别，裴度掌书记握住段文昌的手道："请老弟先行一步，吾不久也将入朝。"

是夜，段文昌坐于西窗烛下，翻阅着一函新制的暗红色诗笺，内有《采莲舟》诗，这是白天薛涛遣卓巧巧送来的。

段文昌读后，晓知薛涛心意，自己就是她的蓝颜知己，虽不可能结为连理，却是此生无话不说的情人。

他想起嘉州大佛落成时，薛涛给自己的赠诗《赋凌云寺二首》：

闻说凌云寺里苔，风高日近绝纤埃。
横云点染芙蓉壁，似待诗人宝月来。

闻说凌云寺里花，飞空绕磴逐江斜。
有时锁得嫦娥镜，镂出瑶台五色霞。

薛涛写《赋凌云寺》吐露了自己的清高，又无意识地透露了自己的寄寓。

锁不住的嫦娥，终将奔月，留下瑶台一片五彩云霞。

好物不坚，琉璃易碎。她真是仙人，自己才为俗人一枚。

段文昌总认为薛涛心性太高，常常替她担心，又很无奈。

段文昌又想起自己江陵夸口。当年自己少不更事，负才傲俗，落泊荆楚间。曾在喝酒半醉之际，倒拖着鞋跟，走在江陵大街上。当时细雨泥泞，街侧有一朱门大宅院子，门前有清流涓涓。自己乘醉坐在渠边脱屐濯足，不顾斯文，旁若无人地哼着《沧浪》小曲："沧浪之水清兮，可以濯我缨；沧浪之水浊兮，可以濯我足。"还高声武气地自言自语道："我做江陵节度使，必买此宅！"闻者皆掩口而笑走过。

此番进入京师长安，自己一定要做出个样子来。是做给武家看的，做给西川同僚们看的，做给薛涛看的，做给自己看的。

临别时，薛涛专门相送段文昌夫妇。又赠上一只锦囊，吩嘱段文昌可在路途上看。

段文昌从锦囊中取出彩笺，原来是薛涛写的《赠段校书》：

> 公子翩翩说校书，玉弓金勒紫绡裾。
>
> 玄成莫便骄名誉，文采风流定不如。

段文昌读罢，知晓薛涛诗用典，典出《汉书·韦贤传》。

韦贤少子韦玄成，字少翁。自幼聪明好学，接人待物，对于贫贱者益发尊敬有加，而名誉日广。后来他的兄长韦弘因坐宗庙事被下牢狱。韦玄成因此装病，不再应诏。当朝的丞相、御史皆以韦玄成装病，劾奏。幸而皇帝有诏免于弹劾。再后来，韦玄成做了七年宰相，守正持重，虽不及他的父亲韦贤居相位时那样贤明，但是他的文采却过之。

段文昌心想，这是薛涛在叮嘱自己要扬长避短。自己此番是以校书郎之衔步入仕途的，又因为武元衡女婿的关系，得人之推荐。因此，在官场上须温良恭俭让，以文章为自己之长，方可一路通顺、畅达。

真有她薛涛的，对仕途如此明了，可惜她是女儿身。

薛涛再次在心底暗暗吟了一遍自己的《春望词四首》之一：

> 那堪花满枝，翻作两相思。
>
> 玉箸垂朝镜，春风知不知。

单恋的男子将去了，她心底绽出一朵祝福的微笑。

领春风

读罢，王建赞叹说：

"薛涛是一位记情的女子啊。"

"是的，是的。"武元衡附和道。

一、知多少

草长莺飞。

薛涛忽然收到诗人王建的《寄蜀中薛涛校书》：

> 万里桥边女校书，枇杷花里闭门居。
>
> 扫眉才子知多少，管领春风总不如。

元和四年（809年）三月，荆南幕府从事王建奉命出使成都。

王建，字仲初，是当朝的名诗人，与张籍齐名，时称"张王乐府"。

元和二年（807年）秋天，武元衡初为剑南西川节度使时，王建便发来贺诗《上武元衡相公》。薛涛自此晓得了王建的名气，还诵得出王建的乐府名篇《新嫁娘词》之三：

> 三日入厨下，洗手作羹汤。未谙姑食性，先遣小姑尝。

"转益多师是汝师"，薛涛耳畔响起杜甫的诗句，将届不惑之年的她笃定了要做王建女弟子的决心。

王建是描写中唐妇女问题的诗歌专家。

他有描述畸形婚姻的《促刺词》，诗中的少女虽已嫁人，却一生不能离开娘家；

他有描述妇女被丈夫遗弃的《赠离曲》；

他有描述求神拜鬼的商人妇的《江南三台词四首》之一：

> 扬州桥边少妇，长安城里商人。
>
> 三年不得消息，各自拜鬼求神。

又有描述嫁女受财要彩礼婚俗的《新嫁娘词三首》之一：

> 邻家人未识，床上坐堆堆。郎来傍门户，满口索钱财。

王建还以七言绝句组诗《宫词一百首》闻名。唐代诗人好为宫词，王建因其婉转妖丽而成宫词名家。

后来北宋欧阳修的《六一诗话》评论道：

> 王建《宫词一百首》，多言唐宫禁中事，皆史传小说所不载者，往往见于其诗。

《宫词一百首》主要描述宫女们在宫廷中的日常生活，如穿着、饮食、起居、歌舞、器用、礼仪、习俗等。

如写宫女来月事的习俗：

> 御池水色春来好，处处分流白玉渠。
>
> 密奏君王知入月，唤人相伴洗裙裾。

如写宫女领买花钱的场景：

月头支给买花钱，满殿宫人近数千。

遇著唱名多不语，含羞走过御床前。

然而，在《宫词一百首》之外，薛涛更喜欢王建的长短句《宫中调笑词》（四首）：

团扇，团扇，美人病来遮面。

玉容憔悴三年，谁复商量管弦。

弦管，弦管，春草昭阳路断。

蝴蝶，蝴蝶，飞上金花枝叶。

君前对舞春风，百叶桃花树红。

红树，红树，燕语莺啼日暮。

罗袖，罗袖，暗舞春风已旧。

遥看歌舞玉楼，好日新妆坐愁。

愁坐，愁坐，一世虚生虚过。

杨柳，杨柳，日暮白沙渡口。

船头江水茫茫，商人少妇断肠。

肠断，肠断，鹧鸪夜啼失伴。

"依声填词"，探索诗歌的新形式。《精卫词》《柘枝词》《霓裳词》《春词》，王建一系列的词探索，已走在刘梦得的《竹枝词》、白乐天的《杨柳词》前面了。

薛涛更喜欢王建的长短句，她敏感地意识到：形式大于内容，风起于青萍之末。

总有一天，她要填出自己的词。

后来她有《春望词四首》，引领女性诗的春风。

二、池上心

王建来到成都后，拜见了剑南西川节度使武元衡，又亲见了西川女诗人薛涛。

武元衡在锦江畔的锦楼上，招待了远客诗人王建，特邀在浣花溪忙于制笺的薛涛出席陪同。

席间武元衡出示新作《西川使宅有韦令公时孔雀存焉，暇日与诸公同玩座中兼故府宾妓兴嗟久之，因赋此诗用广其意》。

王建当即在成都写下了《伤韦令孔雀词》。

六年后，元和八年（813年），武元衡回朝为宰相，王建拜会了朋友，还出示延续成都锦楼唱和的新作《和武门下伤韦令孔雀》。

武元衡读后，连连道："不错，不错。韩退之、白乐天他们也有唱和诗。"

又取出了在成都锦楼诗会后，韩愈的唱和诗《奉和武相公镇蜀时咏使宅韦太尉所养孔雀》。

最后，还出示了翰林学士白居易的唱和诗《和武相公感韦令公旧池孔雀》。

王建感叹道："武公真是尽力提携西川女诗人薛涛啊，让她'名驰上国，诗达四方'。"

武元衡捋着胡须，又愉快地取出了薛涛新作《送卢员外》：

玉垒山前风雪夜，锦官城外别离魂。

信陵公子如相问，长向夷门感旧恩。

这是薛涛送卢士玫的诗：若在长安见到了"信陵公子"武相公，他若问起了我，一定代我向他说，小女子在成都遥拜武相公。

读罢，王建赞叹说：

"薛涛是一位记情的女子啊。"

"是的，是的。"

武元衡附和道，并评说：

"'扫眉才子知多少，管领春风总不如。'仲初老弟评价得准确啊。"

两人历数了西汉的卓文君、东汉的蔡文姬、唐朝大历年间的李冶……女人成为诗人难，成为名诗人更难……

武元衡颔首道："薛洪度的诗风缥缈幽秀，绝句一派，为今所难。"

王建接着说："薛校书的诗风清老雄秀，非寻常裙屐所及。"

三、诗弟子

自得到王建《寄蜀中薛涛校书》诗后，薛涛每年执师生之礼仪，不时从成都寄出十色蜀笺向王建致以问候。

王建回以《句》：

> 锦江诗弟子，时寄五花笺。

篇
九

似相接

　　回想起来，西川到东川，益州至梓州，三百六十里，

五里短亭，十里长亭，三十里驿馆便歇息，七天的路程。

　　一路颠簸，居然不觉辛苦。

一、巧机缘

马蹄达达，似乎只为了一个美丽的错误。

此番，薛涛急着要去会一个人，这人是新入蜀东川梓州查案监察御史元稹。

撮合这次东川机缘的人，是返回成都探亲，正等待朝廷加封的严绶严相公，而在这之前他刚刚卸任河东节度支度营田观察处置。

严绶，大历中登进士，虽书生出身，却不是曰乎子，为官极为来事。贞元中，严绶还在做宣歙留务时，就会倾府藏以进献，让德宗皇帝印象深刻，召授严绶为尚书刑部员外郎。

在元和元年，杨惠琳叛于夏州，刘辟叛于成都，严绶上表请出师讨伐。等到夏、蜀平复后，朝廷加封严绶检校尚书左仆射，寻拜司空，进阶金紫，封扶风郡公。

严绶是成都人，为官马马虎虎，为人却极为洞明，人缘极好，人脉极广。

他晓知元稹年少有才名，工于诗，诗名已誉满长安，与白居易齐名，人称"元白"。他们两人的诗歌，风行自衣冠士子，至闾阎下俚，悉传讽之，号为"元和体"。

又知晓，元稹出身贵潢，十代先祖是后魏昭成皇帝，六代先祖为兵部尚书。

还晓知，元稹长安京兆尹韦夏卿的乘龙快婿。韦夏卿则为本朝有名接引菩萨，凡是在韦夏卿身边做过事的人，日后都是出将入相的。

严绶马上就要进入京师长安，多种花少栽刺是他的人生哲学。结交名流，就从元稹开始吧，说不定这位青年才俊还可以成为自己麾下人选啊。

那么怎样亲近元稹呢？成都的严绶，与长安的元稹无论在年龄上，在资历上，或是在诗歌上，都是风马牛不相及，八竿子打不到一处。这换了常人，简直是蜀道之难难于上青天的事，可是偏偏严绶就能破这个局。

严绶的信条是：凡是人总有所爱，或酒或色或权或财。他紧锁着眉头，细读了元稹写的唐传奇《莺莺传》。从纸面读到纸后，并且愈读愈自信这就是元稹亲历的自传。

终于勘破了元稹的秘密，于是眉头缓展开了，严绶定下自己的策略："潜知稹意，遣涛往侍。"

作为益州成都人，严绶一向熟悉薛涛校书，晓知薛涛的魅力所在。

此时，薛涛已经脱离西川府署乐籍，退隐在浣花溪研制什么诗笺纸，太没有意思了。严绶也深知薛涛才性，她是本朝最具魅力的扫眉才子。诗歌第一，应对第一，与那元稹相比，可谓阴阳雌雄、乾坤日月啊。若能将这两男女撮合在一起，那将是一件多么有趣的事情，那将在大唐诗坛上留下一笔逸史啊！

严绶越想越兴奋，一想到自己也将随着这两人一同载入大唐诗坛的逸史，他双目炯炯，印堂散发出红光。

说服薛涛，是没有问题的。问题是怎样介绍元稹。

一切谋划清楚后，严绶差人去浣花溪送上名刺，约见薛涛。

一边交谈，一边打量着眼前的这位西川佳人。

面如满月，经历松州风雪，眼角竟然没有一丝鱼尾纹。"巧笑倩兮，美目盼兮"，《诗经》上的"硕人"就是形容薛涛这样的美人啊。皓腕凝雪，身材颀长，真是长安终南山血统，又受西蜀岷江水滋润。

严绶转弯抹角地探听出薛涛的年龄已届不惑时，他简直不敢相信自己的耳朵。然而转念一想，成都女子生来经老，男人们永远猜不准她们的年龄。

远山眉，淡雅，半袖披帛，深红的石榴裙。举手投足间，薛涛的容止又让人想起西汉西蜀才妇卓文君。

严绶一边与薛涛交谈，一边书写寄给元稹的信函。

梓州临近了。

涪江一江春水，绸缎波动，一波三折，蜿蜒天边。柳枝拂动春水，绿于蓝绸，春蝉撩人，鼓瑟吹笙。

大路笔直，马车渐来，马蹄嗒嗒，轮辐转动，微风扑扑，帘子飘摇。

此时的心情，竟有些忐忑，眼神亦有些慌张。

一路上的千般思万般想，这会儿居然全没有影子。

要想见的那人儿，不晓得要如何安排出哪些过场。

薛涛掏出了莲花铜镜，用雪白绢巾拭了拭，里面闪出了一张白里透红的桃夭，绽开一朵羞涩的浅蜜，平添好多信心。又细细地聆听了蝉鸣，想想那人是从长安来的，谈吐一定是京兆的乡音，迷人的共鸣。元稹虽为当朝第一才子，不外乎琴棋书画，诗词歌赋，而自己亦谙于此，皆能对答几成，绝不会居于下风。想到这里，又听到那春蝉不止在一棵柳树之上，一首小诗无端地浮现：

露涤清音远，风吹故叶齐。

声声似相接，各在一枝栖。

诗成，在心里默念了两遍，定名为《蝉》。

人与人的对话之间，想法和感情相互缠绕；犹似两只鸣蝉，虽琴瑟相和，却各居一枝。

明亮的眸子，有一只透明蝉翅在颤，颤起风了，春风拂面不觉寒。

薛涛又取出严绶的信函，读了一读，想到这位成都的半个老乡，真有些意思，无端地制造出这个机缘。

东川梓州驿馆到了，停了车，马头晃了几下，喷着粗气……帘子掀起，先伸出一只精巧无比的绣花红鞋。

哦，好大的庭院，好茂密的花圃，中央好大一棵松，英姿勃立，气势伟岸。

有侍者引路，穿过一座月门，转过曲廊、沼池，来到一处内院。侍者说，元稹御史大人白天在东川府署公干，夜晚才能返回，请女史暂先歇息。

二、画眉无

驿馆里，午憩后，薛涛自沏了一杯茶，对镜遐想。

设想今晚初见的情景，设想了一千次，预演了一百次。

扑了粉，画了眉，涂了唇，又卸了妆。然后，又扑了粉，画了眉，涂了唇，还是不太满意，再卸了妆。

设想那男人，来自长安，进士及第，当朝第一才子，应是何等的潇洒，何等的风流。

"巧笑倩兮，美目盼兮。"将眉目描好，是仕女朝课。女为悦己者容，在唐代，女人的容妆关键在于画眉。

唐朝诗人朱庆馀《近试上张水部》：

> 洞房昨夜停红烛，待晓堂前拜舅姑。
>
> 妆罢低声问夫婿："画眉深浅入时无？"

眉色，最能反映中国的古典审美意趣。因为只有画眉，才能让作为黄色人种的中国女性相对平淡的五官上有出其不意的化妆效果。

短眉、长眉、深眉、浅眉，画眉入时，大意不得，马虎不得。

双眉起秀，眉峰横翠，秋水凝态，远山蹙黛。妆眉是唐朝女性的学问。

《全唐诗》中有一首赵鸾鸾的《柳眉》，说出了画眉是为了焕发精神：

弯弯柳叶愁边戏，湛湛菱花照处频。

妩媚不烦螺子黛，春山画出自精神。

螺子黛，是唐代女子画眉的化妆品之一。据冯贽《南部烟花记》载："炀帝宫中争画长蛾，司官吏日给螺子黛五斛，出波斯国。"

唐代女子画眉的另一种化妆品是青黛。青黛又名靛青，亦称蓝靛，为从植物中提炼的染料，最有名的是波斯青黛。从中亚输入的波斯青黛，最为唐代上层贵妇与宫女们所倾心。

李白《对酒》长短句咏：

蒲萄酒，金叵罗，吴姬十五细马驮。青黛画眉红锦靴，道字不正娇

唱歌。

白居易也有"青黛点眉眉细长"的诗句。

在唐朝，男人对于女子欣赏亦在于眉目。

女为悦己者容。唐代的男人们也都有深深的恋眉癖，喜欢研究女人的画眉，就像后来宋人明人迷恋三寸金莲一样。

汉朝文学家刘熙《释名》说："眉，媚也。有妩媚也。"

"眉目传情""眉来眼去"指两性间情绪的暗通。这说明眉目为中国女性表情，尤其是性的感情传达的特殊工具。

眉色之上，长短浓淡，横山侧峰，风光无限。唐朝的文人骚客个个都为品赏美眉的专家。

唐代女性以画眉为重点的化妆术，有仿效流行的风尚。长安天街里坊流行时尚为"啼妆""泪妆"，将妆画得如同哭泣一般，当时号称"时世妆"。

白居易曾有《时世妆》诗记录：

时世妆，时世妆，出自城中传四方。时世流行无远近，腮不施朱面
无粉。乌膏注唇唇似泥，双眉画作八字低。妍媸黑白失本色，妆成近似
含悲啼。

　　新颖为时尚的原则。不过这长安的流行妆，流行到成都街头时，已在一年半
载后了。而且益州成都的女子往往比长安画得更是浓黑，夸张得伤心，如丧考
妣。

　　北宋陶谷《清异录》记述："五代宫中画开元御爱眉、小山眉、五岳眉、垂
珠眉、月棱眉、分梢眉、涵烟眉。"表明了唐代女性之美，在于画眉。

　　马蹄嗒嗒，马车晃晃，一直临近了梓州，薛涛才想清楚，她要的是特立独
行，不附世俗。

　　对，就画汉代卓文君那种远山眉。薛涛读过汉代刘歆的《西京杂记》上的记
载：

　　　　文君娇好，眉色如望远山，脸际常若芙蓉。

　　卓文君开创了成都眉史。眉黛远山横，为西蜀女子的绝代榜样，薛涛是她的
隔代粉丝。

　　妆成，姣好，额头光，脸蛋瓷，红唇，皓齿，美目盼兮，巧笑倩兮，当真看
不出来薛涛真实年纪，这成都女子今年竟四十岁了。

　　回想起来，西川到东川，益州至梓州，三百六十里，五里短亭，十里长亭，
三十里驿馆便歇息，七天的路程。

　　一路颠簸，居然不觉辛苦。

三、南看月

子曰：三十而立。

元和四年（809年）二月，洛阳的元稹年满三十岁了，此番在宰相裴垍的识拔下，成为大唐最年轻的监察御史，春风得意，马蹄尘香。

一个月后，独立办案。以剑南东川详覆使头衔，离开长安，前往西蜀东川梓州，调查任敬仲狱案，弹劾已故剑南东川节度使严砺等人。

长安距离东川梓州千里，秦岭分隔着西秦与西蜀。元稹星夜兼程，走官道，过邮亭，住驿馆。

一路上，元稹以诗纪行，写下了《骆口驿二首》：

> 邮亭壁上数行字，崔李题名王白诗。
> 尽日无人共言语，不离墙下至行时。

> 二星徼外通蛮服，五夜灯前草御文。
> 我到东川恰相半，向南看月北看云。

这是写于从长安到东川梓州一半路程上的诗。那晚歇息在骆谷关的骆口驿，元稹在读了别人的题壁诗后，有所感悟，便吟出这两首诗。

秦岭的夜空高不可测，三月风寒，月牙锋利悬在西天银云之上。

元稹有一种说不出来的孤寂，看月望云，真的似古人所道"六日不辨，五夜不分"了。

回顾人生历程，元稹十六岁居长安，为了考上明经科或者进士科两经及第，开始守选。此后十年，元稹"苦心为文，夙夜强学"。

元稹的结拜兄弟白居易有诗句：

慈恩塔下题名处，十七人中最少年。

这是白居易最得意的自我表扬，纪念自己二十七岁进士及第。因为在唐朝有"三十老明经，五十少进士"的说法，不容易啊！

白居易的自我表扬就镌刻在一块石砖之上。唐朝风尚，新科进士及第，是要赴曲江宴的，又要在宴会后前呼后拥地前往慈恩寺大雁塔下，在题名屋里写下自己的姓名、籍贯，并推举一位书法卓越者，赋文记此盛事，再交由专职石工，镌刻在大雁塔的石砖上。然后，这有字的石砖，将闪耀在一千年后的阳光里，让后生们去遥想、去膜拜先生们。

元稹比白居易小七岁，但考的是明经科，白居易考的是进士科，稍稍胜出。不过，元稹也有值得得意的地方：

二十八应制举，才识兼茂，明于体用科，登第者十八人，稹为第一。

这是后来的《旧唐书·卷一百六十六·列传第一百一十六》对于元稹的定论。

不过，条条道路通长安。元稹二十五岁时在长安考中平判科第四等，被朝廷授予秘书省校书郎，与白居易"校正同省"。

缘分啊，元白二人"诗章赠答""爱等弟兄"。

梅花参横，二人对饮了酒，誓言不以死生贵贱易其心。

元白结拜为一生一世的兄弟。

将与成都来的女子晤见。

在长安就曾风闻西蜀薛涛貌美而善辞辩，扫眉才子，香奁之彦，那是怎样的奇女子啊！

　　此约是益州成都严绶司空特意安排的，据说严绶是东川严砺的远房族弟，在官场上互为犄角，现在人家有劫，理当援手。

　　元稹来东川推鞫审案的，理当回避此桩疑似色贿，不然对不住监察御史这顶官冠。

　　可是，元稹却又无法压制住内心欲望的呼唤，那一种声音犹似雎鸠关关，辗转反侧，恰如参差荇菜，纠缠不已。

　　山高皇帝远，核桃有隔隔，各了各。办案归办案，见面归见面，可以荷花出于污泥而不染。这会是一桩桃色陷阱？元稹内心进进退退……

　　但也是一次因缘，得与相见，错失了定悔终生！

　　最终本我战胜了自我，就算是色阱，元稹亦心甘情愿地跳进去。

　　　　嘉陵江上万重山，何事临江一破颜？
　　　　自笑只缘任敬仲，等闲身度百牢关。
　　　　　　——元稹《使东川·百牢关》（奉使推小吏任敬仲）

　　世上事往往是有心栽花花不开，无心插柳柳成荫。本来奉使东川，是为了办东川任敬仲案子，却无端引出将要上演的才子元稹与佳人薛涛相会的喜剧。更没有料到的是这一桩千年之缘，竟然亦传诵千年。公事兼具私活，元稹今生艳遇艳情艳福不浅啊。

　　而立之年，正是气血充盈的年纪。独自一人，千里迢迢的，不能除了办案，就是写诗啊！

　　　　嘉陵驿上空床客，一夜嘉陵江水声。
　　　　仍对墙南满山树，野花撩乱月胧明。

　　　　墙外花枝压短墙，月明还照半张床。

无人会得此时意，一夜独眠西畔廊。

——元稹《使东川·嘉陵驿二首》

屋角的床架，硕大，坦荡得快要起风。窗外墙边，花影重重，野花撩乱月色。

今夜要见的成都薛涛，这是什么样的女子，尚不能知晓。一年多前，元稹才头次听闻薛涛芳名。

因屡屡直言上书，为执政所忌，元稹从左拾遗的位子上被贬出长安为河南尉。在去河南的路途中，与元稹同路的是裴度，他也是从监察御史贬成河南府功曹。在路上，他俩闲得无聊，便侃起了女人。

曾在剑南西川节度署任掌书记的裴度说，当今天下最有才华的女子是西蜀乐妓薛涛，后来成为剑南西川节度署特聘文书，人称薛校书。

她擅长诗歌，有题花咏月之才，而且才思敏捷，极善侍酒应对，各种酒令烂熟于胸，一般男子不是对手，都纷纷拜倒于她的石榴裙下。

楼外的江水声，此刻听得愈加分明，天上有些银云，月如钩。

应当有一个怎样的见面方式呢？元稹望一望夜空中的月牙，嘴角漾出了微笑……

篇十

醉破春

那《四友赞》的句子似乎亦散发出金灯花朵般的色

气，焰如金灯，氤氲幽幽的，有些微毒⋯⋯

一场蓄谋已久的大唐姊弟恋注定要发生了。

《尔雅·释亲》：男子谓女子先生为姊，后生为妹。

《说文》：姊，女兄也。

一、四友赞

她是一位怎样的女子？

元稹一时竟无法断定，这成都女子薛涛有点复杂，种种据说，天花乱坠。

她十六岁入了乐籍，供职于剑南西川节度署；十五年后又曾被奏请为女校书，虽然不成，想必才识过人，不然如何受到韦皋赏识举荐？韦皋可谓中唐一代名臣，曾被授为南康王。

这薛涛亦曾罚赴松州，那是怎样的历程？元稹想到这里，心里重重地一沉，嘴中轻轻地嘘了一口气出来，自言自语道：不简单，不简单啊。又听说薛涛自松州返回之后，就脱离了乐籍，自谋生路，研制出写诗的红笺……她的诗名，更是早已闻名于长安城。

这是怎样的一位奇女子？！

元稹要考考薛涛。

驿役掀开门帘，端出了文房四宝。

薛涛借着月光，凝视着砚、笔、墨、纸这四件物品，片刻间，心底霎间灵活幻动起来，隐隐间载歌载舞，当然这只是薛涛的耳朵听得见的声响，薛涛的眼睛看得见的图像。

她的嘴角泛出欢快的涟漪，就眼前文房四宝，铺纸、置砚、磨墨、提笔、濡墨，镂金琢玉地写出了一首《四友赞》：

磨润色先生之腹，濡藏锋都尉之头。

引书媒而黯黯，入文亩以休休。

诗写就之后，薛涛又默诵了一遍，然后递与驿役，示意送进去。

门帘掀开，元稹接过诗笺，低头怔了一怔：哦，好漂亮潇洒的行书，作字无女子气，笔力峻激，结体欹侧，颇得书圣羲之法呀！

又抬头看了一看面前的这位光彩映照的人儿，心里完全肯定道：哦，这就是仕女，大唐簪花的仕女！

然后高声朗读起来，接着又点评起来：

"润色先生，砚之别称；藏锋都尉，笔之代称；书媒即墨，文亩是纸。黯黯，深黑色是也；休休，典出《诗经·唐风·蟋蟀》：'好乐无荒，良士休休。'

"此诗为杂言诗，以文为诗，就是当朝国子监祭酒韩愈读见，也要点赞的。女史的《四友赞》写得如此的巧，如此的妙，让人叹服！"

元稹不愧为中唐大才子，几句话也是纵横点评得到位、贴切。

薛涛亦被眼前这位男人迷住了，眸子闪烁着沉醉的光芒：哦，这便是自己于千万人中要寻见的良人？她不敢相信这一刻就在自己的面前。

两人彼此成为对方的诱惑，一双男女，四目相对，天雷地火，瞬间震断了彼此的心弦。

那《四友赞》的句子似乎亦散发出金灯花朵般的色气，焰如金灯，氤氲幽幽的，有些微毒……

一场蓄谋已久的大唐姊弟恋注定要发生了。

《尔雅·释亲》：男子谓女子先生为姊，后生为妹。

《说文》：姊，女兄也。

"涛姊的书艺精湛！"

元稹由衷地称赞道，他特意在薛涛的名后面加了一个"姊"字，以示特别的亲近。

元稹是第一位欣赏薛涛书法的诗人，他是有资格的。

宋代《宣和书谱》将元稹的书法归于正书书法，并评论道："其楷字盖自有风流蕴藉，挟才子之气，而动人眉睫也。要之诗中有笔，笔中有诗，而心画使之然耳。今御府所藏正书一：《寄蜀人诗》。"

而当薛涛走笔作《四友赞》后，元稹看得惊叹。这个"惊叹"应是双重的，一是惊叹薛涛的诗才，二是惊叹薛涛的行书。

《四友赞》分述文房四宝：砚、笔、墨、纸。

从《四友赞》看，"藏锋都尉"，毛笔的代称。藏锋，为用笔之法。唐代徐浩《论书》："用笔之势，特须藏锋。藏若不藏，字则有病，病且未去，能何有焉？"

《宣和书谱》评论：

> （薛涛）作字无女子气，笔力峻激，其行书妙处，颇得王羲之法，稍加以学，亦卫夫人之流也。……今御府所藏行书一：《萱草等书》。

《宣和书谱》将薛涛划分为行书书法家。一般来说，行书为走笔的速度，多用顺锋运笔，而薛涛行书雄健遒劲，无女子气，是与她在作行书时，喜用藏锋相关。从《四友赞》诗可以看出，薛涛用笔喜用藏锋，用墨喜用浓墨。其书法方而且圆，圆而复方，奇能含正，正能出奇，是为中和，斯为美善。

元稹亦是第一位评价薛涛书法的诗人兼书法家。元稹《寄赠薛涛》诗末句"菖蒲花发五云高"，就暗用相关书法典故：盛唐韦陟善书。"自谓所书'陟'字若五朵云，时人慕之，号郇公（韦陟封郇国公）五云体。"元稹用此典来称赞薛涛书艺。

二、素闻名

关于《四友赞》最早的记述，见北宋陶谷的《清异录》：

> 蜀多文妇，亦风土所致。元微之素闻薛涛名，因奉使使见焉，微之矜持笔砚，涛走笔作《四友赞》，其略曰："磨润色先生之腹，濡藏锋都尉之头。引书媒而黯黯，入文亩以休休。"微之惊服。传记止载"菖蒲花发五云高"之句而遗此，故录之。

"微之惊服"，表明了薛涛的应对能力让才高八斗的元才子也感到惊讶佩服。

陶谷仕于五代和北宋，从校书郎做到礼部、刑部及户部尚书。他博通经史，所著《清异录》书采隋唐、五代及宋初典故，又考证源流演变过程。明人胡应麟评价说："此书命名造语皆颇入工，恐非谷不能。"

对于薛涛临场应对的非凡能力，后蜀何光远的《鉴诫录》亦有记述：

> 吴越饶营妓，燕赵多美姝，宋产歌姬，蜀出才妇。薛涛者，容仪颇丽，才调尤佳，言谑之间，立有酬对。大凡营妓，比无校书之称，自南康王（韦皋封南康王）镇成都日，欲奏之而罢，至今呼之。故进士胡曾

有赠薛涛诗曰：（中略）涛每承连帅宠念，或相唱和，出入车舆，诗达
四方，名驰上国。

"言谑之间，立有酬对。"薛涛具有如此能力，应是她作为西川节度署女校
书长期训练的结果。

何光远为官后蜀，做过普州军事判官。今存所撰《鉴诫录》，所记实无关
"鉴戒"，而多为包括薛涛、牛希济等蜀中诗人轶事，对研究五代及后蜀文学具
有参考价值。

"诗达四方，名驰上国"，薛涛的名声响亮，除因她的事迹富有传奇色彩
外，还因为大唐的道路驿传、交通体系空前发达，网通中国各处及四夷边远。

驿路无障，驿传天下。柳宗元《馆驿使壁记》赞叹道：

凡万国之会，四夷之来，天下之道途毕出于邦畿之内。

唐代交通研究专家严耕望先生指出：大抵唐代交通以长安、洛阳大道为枢
轴，汴州（今开封）、岐州（今凤翔）为枢轴两端之伸延点。由此两轴端四都市
向四方辐射发展，而以全国诸大都市为区域发展之核心。唐制三十里一驿，开元
盛世时，凡天下水陆驿一千六百三十九所，量闲剧置船马。

成都为大唐的后花园，西蜀的一位才妇，曾经两次被两位强势的剑南西川剑
度使举荐为校书，这让薛涛的芳名天下有闻。在首都长安、副都洛阳，于坊间茶
坊、酒肆、青楼，贩夫走卒引车卖浆之徒、青楼歌妓姐妹、科举士子兄弟，在街
头巷尾茶余饭后，对于西蜀女校书薛涛的逸闻趣事总是津津乐道的。

晚唐范摅的《云溪友议》里记述：

安人元相国应制科之选，历天禄畿尉，则闻西蜀乐籍有薛涛者，能
篇咏，饶词辩，常悄悒于怀抱也。及为监察，求使剑门，以御史推鞫，
难见焉。及就除拾遗，府公严司空绶知微之之欲，每遣薛氏往焉，临途
诀别，不敢挈行。

范摅生卒及事迹行状不详，大略以布衣而终。所撰《云溪友议》为中唐至晚唐的杂事，而有关诗人唱和与逸闻占了十之七八，具有诗话性质，与孟棨的《本事诗》相类。四库馆臣评价道："所录皆中唐以后杂事……然六十五条之中，诗话居十之七八，大抵为孟棨《本事诗》所未载。"

晚唐范摅的《云溪友议》、后蜀何光远的《鉴诫录》、北宋陶谷的《清异录》三部唐宋历史笔记，都表明薛涛与元稹相会前就已经是"诗达四方，名驰上国"了。

因缘啊，元稹入蜀之行，于公是来办案的，于私是来会薛涛的。

薛涛比元稹大十岁左右，已经穿越许多人生风雨。

贞元五年（789年），在薛涛二十岁时，就曾有被韦皋上报为女校书一事。

元和三年（808年），在薛涛三十九岁时，又有武元衡欲上奏薛涛为校书郎，未果。

薛涛还有前往松州边关慰军，上《十离诗》的经历。

再有薛涛脱离乐籍后，在成都浣花溪研制的十色彩笺，已经开始风行天下……

凡此种种，所诗、所行、所做、所为，薛涛的经历早已成为坊间八卦，从成都已经流传到唐都长安、副都洛阳了。

三、合诗契

元和四年（809年）五月的一天，当元稹骑行在蜀道时，身为翰林学士的白居易正与一帮名流朋友游玩慈恩寺，小酌花下。

白居易又惦记起元稹了，晓得元稹除了东川办案，还期盼一场风流韵事，便写了《同李十一醉忆元九》：

> 花时同醉破春愁，醉折花枝当酒筹。
>
> 忽忆故人天际去，计程今日到梁州。

当长安的白居易刚写完诗搁笔时，千里之外在蜀道褒城驿站的元稹，一春睡醒了，刚好做完了一场白日春梦。他恍恍惚惚地伸了一个懒腰，打了一个喷嚏，也想起了长安的白居易，便提笔写了《梦游》：

> 梦君兄弟曲江头，也向慈恩院里游。
>
> 驿吏唤人排马去，忽惊身在古梁州。

回到长安后交换驿寄时，彼此都见诗大笑：千里神交，合若符契，友朋之道，不期至欤。

在哈哈的笑声中，彼此都明白元九郎为什么大白天做春梦。

元稹在奉使往蜀路程上，见到路旁山花时，还吟了两首诗寄与白居易，即《奉使往蜀路傍见山花吟寄乐天》：

<h2 style="text-align:center">其一</h2>

深红山木艳彤云，路远无由摘寄君。
恰似牡丹如许大，浅深看取石榴裙。

<h2 style="text-align:center">其二</h2>

向前已说深红木，更有轻红说向君。
深叶浅花何所似，薄妆愁坐碧罗裙。

女皇武则天亦有"开箱验取石榴裙"的诗句。对于石榴裙和碧罗裙的绮思，透露了元稹心底对一场艳遇的无意识的渴望。并且，关于西川薛涛情况，元稹在入蜀之前，还询问过曾在剑南西川韦皋幕府做推官的朋友林复梦。

元稹还在做秘书省校书郎时，就与林复梦有诗歌唱和，曾作有《送林复梦赴韦令辟》《送复梦赴韦令幕》。

四、多春思

薛涛端详着目前的这个男儿：十五岁就两经擢第中进士；二十四岁调判入四等，授秘书省校书郎；二十八岁任右拾遗，官场上，年轻得志；仕途上，飞黄腾达。当下是以监察御史官职衔剑南东川详覆使，见官大一级，专门来东川办理专案。

真个名声赫赫，光焰煌煌，前程锦绣。

这男儿，额头光亮，深目高鼻，身长七尺以上，魁梧伟岸，果然为北魏宗室鲜卑拓跋部后裔，是什翼犍之十四世孙，同族排行第九。

这男儿，双目闪闪，若岩下电，双眉如剑，风姿英俊。朗朗如日月之入怀，肃肃如松下风，当为大唐第一美男子。

不晓得怎么的，薛涛看着元稹，心跳如兔子乱窜，脑海里涌现出的句子尽是《世说新语》中形容魏晋间竹林七贤容止的言语。

这男儿，一口浓厚的长安乡音，让薛涛感到如饮家乡甘醇，如羽毛轻拂，痒酥酥的。

元稹端详着面前这个雌儿：面若满月银盘，容仪颇丽。

薛涛此刻穿着一件高腰粉红齐胸襦裙，系挽着雪白丝飘带，薄纱半袖披帛，领口低开，玉胸低袒，玉藕似的玉臂裸露。

一双眸子，在淡淡眉色与长长睫毛之下，顾盼生辉，星星闪闪。

嘴角略往上翘，隐含着敏慧的唇线，声音不是一般乐妓的莺莺燕燕、嗲声嗲气，而为振金叩玉般的磁性，抑扬顿挫间让人妥妥帖帖。

"元九郎，名动京城，今日得以相见，小女子，三生有幸啊。"还没有等及自己回答，这女子又道：

"妾独处久矣，今见才子高雅，不能无情。故特备了茶点，以与九郎品茶论诗。"

软软一声"九郎"，让元稹有些慌张，还有些羞涩，更有些炽热，竟冒傻气地答非所问："不敢不敢，固所愿也。"

"好的，好的。"

薛涛浅笑盈盈，善解人意地做起了茶道。

纤纤弄弄，广袖飘飘，妙妙曼曼，若歌若舞。

元稹看得好生奇怪，这女儿虽名号西蜀第一名妓雌儿，却无一丝一毫风月痕迹。色气外溢，充满了内在的活力，激情四射，举止投足，一笑一蹙，眉目间奔涌出无法描述的东西，但可以从那幽暗的光亮中，感受到温暖、柔情与安慰。

这是元稹以前从来没有经历过的体验。他竟然走神了，暗自如梦如幻地回味起自己作的《会真诗》来：

> ……
>
> 戏调初微拒，柔情已暗通。
>
> 低鬟蝉影动，回步玉尘蒙。
>
> 转面流花雪，登床抱绮丛。
>
> ……

诗句香艳，还没有来得及回味，薛涛已将香茶端了过来，道：

"瞧九郎若有所思的样子，敢问在想长安京城的韦氏娘子？"

"哦，没有，没有。"

"那九郎在思忖什么？"

这女子话语间自自然然地又亲近了。元稹缓过神来，顺水推舟地挑逗起来：

"《会真诗》，涛姊读过？"

"哦，读过九郎的艳情诗，好色气哟！"

薛涛半点也不害羞，反而一剑封喉道：

"那是九郎的本色，但不及你的好兄弟白居易的弟弟来得直截了当！"

"当然，当然，白行简的《天地阴阳交欢大乐赋》太露骨了，不过那是赋体嘛。"

"《会真诗》与《天地阴阳交欢大乐赋》实质都是一样，只是一为诗，一为赋。"

一问一答，刀光剑影，火花击溅，各显机锋。元稹猛然觉得自己这位长安进士，竟然在这位成都女子面前有些语塞言拙了，笑语间已很难分清谁在谑浪谁，谁在挑逗谁。

元稹抿着香茶暗想，本来自己想要的一夜情，此时看来只是一个美丽的幻想。

这西蜀女子至少要一场轰轰烈烈的恋爱，彼此间需从头做起。

如此妙人儿，应该被爱，而不是被理解。

切不可生猛，切不可马虎，切不可不认真。

这是一服中药，需要文火，细细地炖，慢慢地煨。

薛涛的确细读过元稹的《会真诗》，也读过白行简的《天地阴阳交欢大乐赋》，这是当年恩主韦皋有意拣给她读的。她由此晓知了男人们的心思，明白了男人们的伎俩。

她还晓知，元稹曾经跟着杨巨源学习作诗，后来还将崔莺莺的书信拿给杨巨源看，杨巨源为此作《崔娘诗》回应：

清润潘郎玉不如，中庭蕙草雪消初。

风流才子多春思，肠断萧娘一纸书。

薛涛懵懵地觉得：所谓男欢女爱，都是无常，都是梦魇，都是虚幻。

她从松州返回成都后，在那年秋天又到成都碧鸡坊的文殊禅院。深秋的文殊禅院，香樟树依旧绿叶婆娑，不知春秋地絮絮叨叨。

一队大雁列成人字队形，从武担山方向飞来，望南飞去。

成都的银杏树晓得秋寒，及时地撒下一地黄金灿灿。

薛涛默对银杏叶，绝望大雁影，联想到自己的人生起落，忽然从心底跳出二个字：无常。

女人真是飞蛾，明明知道恋爱就是无常，譬如朝露，譬如夕阳，转瞬即逝，却偏偏要向火而扑。

薛涛遇见元稹之后，在那一刻，也是有些可怜有些憔悴有些愚痴，而且相当不能自拔了。然而薛涛终究不是一般寻常女子，她是敌万人的扫眉才子。她努力使自己清醒，她尽力让他明白自己不只止于一夜情，不只止于做一场露水夫妻。

于是，在薛涛与元稹茶晤后，这中唐的才子与扫眉才子，口里虽不挑明，却彼此心知肚明地定下了各自的策略：

虽说无法寻得一生四季的彼此携手，却也要十里桃花让彼此回忆灿烂。

面对一场轰轰烈烈的恋爱战争，必须知彼知己。

恋爱是一次遥远探查，一切从童年开始。

怅有丧

将要返回长安，红烛前凝视貌若嫦娥的薛涛，临途诀别，元稹真的不敢挈行。

一、红浅深

自此，元稹白天急急地去东川府署审案，傍晚缓缓地回到驿馆。

他在预想这成都薛涛又要考问些什么。

两人或茶聊，或酒聊，红烛幽幽，剪灯窗下。

两人或散步月下，月牙弯弯，悠悠晃晃地倒映在驿馆园子的池水中，朦朦胧胧，勾人眉眼。园子树影绰绰，花香袭人。在这花前月下，这对才子佳人，且行且驻，真有点不知今夕为何夕了。

"九郎，是何时开始对诗属文的？"

薛涛有些戏谑地询问道，元稹意识到考问开始了。

生于长安万年县靖安坊的元稹，在九岁时即与母亲郑氏对诗句，有《夏冬景诗》一首：

> 新笋紫长短，（郑氏）
>
> 早樱红浅深。（元稹）
>
> 扣冰浅塘水，（郑氏）
>
> 拥雪深竹阑。（元稹）

又在母亲郑氏指导下，写出了儿童诗《西斋小松》：

簇簇枝新黄，纤纤攒素指。

柔苴渐依条，短莎还半委。

清风日夜高，凌云竟何已！

千岁盘老龙，修鳞自兹始。

《旧唐书·一百六十六卷》记述：

稹八岁丧父。其母郑夫人，贤明妇人也；家贫，为稹自授书，教之书学。稹九岁能属文。

在唐朝，学习仿作诗歌，已为读书人社会化过程的必经途径。
这就是孔夫子所谓：

子曰："小子何莫学夫诗？诗，可以兴，可以观，可以群，可以怨。迩之事父，远之事君。多识于鸟兽草木之名。"

——《论语·阳货》

风对雨，云从龙，三姐对四妹，小弟应长兄。张姑唤李嫂，耕夫呼牧童。远山七八座，深院四五重。门前栽杨柳，屋后植梧桐……
对诗句，为唐代耕读人家的幼学启蒙教育。
元家如此，薛家亦如此，家家如此，户户如此。
"大官人的《西斋小松》倒有寓意，'凌云竟何已'，九郎的昔日愿望如今兑现了，贺喜啊！"
元稹听出薛涛言语中有甚傲的戏谑味，心想这女子已经反客为主了，厉害了我的涛姊！

早樱红浅深。（元稹）

枝迎南北鸟，叶送往来风。（薛涛）

元稹听闻了薛涛的对诗《续父井梧吟》。

心想，都是对诗，一对父女，一对母子。都是咏植物诗，两相比较，诗句虽同样浅显，诗境却有云泥之别了。薛涛诗有心中之境，元稹诗只是眼前之境，结果自然是薛涛的诗为姐姐，元稹的诗只能是弟弟了。

薛涛望着眼前这位长安来的年轻的监察御史，竟又细细打量起来，简直就是唐代取士"身言书判"标准的极品人才：一曰身，谓体貌丰伟；二曰言，言辞辩正；三曰书，楷法遒美；四曰判，文理优长。亦如白乐天在《和微之春日投简阳明洞天五十韵》诗里赞叹的"仪形美丈夫"。

然而，薛涛亦窥出元稹尚有不足之处：虽心怀凌云之志，眸子里却还没有春秋气候，人生还需要历练历练，终为堪造之材，可以调教。阅人到此，薛涛不禁莞尔一笑。

元稹看着眼前这位扫眉才子，杏眼柳眉，笑声盈盈，没有一丝的曲意逢迎，没有一毫的风尘痕迹。倒是污泥不染，不可亵玩。言语更为机锋，得理不让，步步紧逼。

谁是南北鸟？！谁为往来风？！

元稹不禁回味起先前的那一场西厢风流，那是一场多么令人流连、忘情的花前月下。

那崔莺莺的母亲崔氏孀妇也算是元稹母亲家族的一门远房亲戚，在归还长安路上遭遇乱军骚扰掠夺，旅寓惶骇，不知所托。元稹正好认识蒲地官吏，便夫说情，请史护之，遂不及难。

想着想着，元九郎竟然毫无设防地就和盘托出了从前那一场风流韵事。

待月西厢下，迎风户半开。拂墙花影动，疑是玉人来。

斜月晶莹，幽辉半床。娇啼宛转，泪光荧荧。当时以为是"岂其梦邪"，现在回想起来也为一场春梦。

元九郎讲述得十分真切，涛姊听得十二分痴醉，不觉之间竟然热欲膨胀，双臂不知何时环抱住了眼前这个情种，一下扑倒了。

巫山云，蜀天雨，翻天覆地，云雨相接。蝶恋花，蜂采蜜，红帐低垂，锦衾波涌。鱼戏莲叶间，鱼戏莲叶东，鱼戏莲叶西，鱼戏莲叶南，鱼戏莲叶北。

俄尔云收雨住，望着身边的玉人儿，元稹竟忘乎所以地喃喃地哼起了《会真诗》里的句子来：

> ……
>
> 鸳鸯交颈舞，翡翠合欢笼。眉黛羞频聚，朱唇暖更融。
> 气清兰蕊馥，肤润玉肌丰。无力慵移腕，多娇爱敛躬。
>
> ……

"哎哟、哎哟。"涛姊急急猛猛一阵绣拳打来。

元九郎才猛地醒悟：云雨之事是做得，说不得。这便是色与不色的分界。弄不醒豁的是究竟是谁能感受到最强烈的愉悦，男人还是女人？

言谈之中，元稹晓知薛涛熟悉官场运作之机关，便追问起成都府公严绶司空此番遣她来东川的真实意图。

原来西川益州严绶与东川梓州严砺并无族亲关系。而严绶司空即将被召为右仆射，进入长安为官。因早就听慕元稹乃当朝青年才俊，诗文名气誉满长安，当得知元稹奉使东川的消息后，便安排薛涛来东川恭侍，无非是想结交元稹罢了，为日后在长安做官时，提早安排一个人脉。

严绶是地地道道的蜀人，大历年中登进士第。虽是名家弟子，却不存名节。有一整套做官方略，敏感于官场各种势力盘根错结，利益情感面子维系。凡事处理，多宽柔自持，从不得罪任何人，从不树立政敌对手，一俟有事犯事，常有多方说情援手。广结善缘，帮助后生，多栽花，少种刺，永远做个和事佬，做个官场不倒翁，最终位跻上公，年至大耋。

哦，原来如此，元稹听后暗喜，心底道一声：谢了严公绶老。

面对东川查案棘手之事，元稹也不知不晓地依靠起薛涛来。

"猛打死老虎，穷追活老鼠"是薛涛为元稹御史大夫自由空间表的东川办案的政治方略，说如此可事半功倍，在朝廷上下、长安内外都可以博得名声霜威。

元稹稍一思忖后，猛然抱起薛涛又亲了一口，连声叫道："一切悉听薛校书安排。"

元稹心想：美人佐政，美不可言啊。眼前这位细白如玉的女校书，双眸秋水如剪，分析问题周全缜密，化繁为简，轻松地理出线索。制定方略时多有前后宽绰，多有进退。无怪乎前后两任剑南西川节度使要上奏薛涛为校书！

元稹从心底佩服薛涛这位美女校书。他从心底暗暗感激上天，竟让他元稹初办大案时幸得薛涛相助。

薛涛介绍说：那严砺的确是一只死老虎，在剑南东川节度使位上时十分贪残，东川士民不堪其苦，才有任仲狱案。

幸好严砺死了，元稹在办案中，也多有所闻：严砺为纯臣严震的族宗，曾在宪宗朝剿征刘辟之乱时有汗马之功。严砺性格轻躁，脾气火爆，又老奸巨滑多奸谋。

为了查案落实，元稹携薛涛专门去了严砺的梓州豪宅，真是大开眼界：十重大院，外加一个五十亩的园子。

正厅皆是文柏为梁，沉香和椒粉泥墙，开门则香气蓬勃，夏天招蜂引蝶。磨文石为阶砌及地，光鉴照人，蚂蚁爬上去都要拄拐杖，蜗牛爬上去都要仰翻。

那园子中央，置百宝香炉一尊，高三尺，开四门，绛桥勾栏，奇花异草、珍禽怪兽点缀其间，叫人看得咂舌。

园子中，累石为山，以象峨眉与青城；引水为澜，以似锦水与涪水。飞阁步檐，斜桥磴道，衣以锦绣，画以丹青，饰以金银，莹以珠玉。园子的楼台亭阁，多有长安名家字画。

"观人家豪宅院落，我等浮生浪死。"元稹感叹评议道。

"锦灰堆，鲜花插牛粪，无章无法，乱哄哄一气，可惜了这山、石、花、木，枉费了这亭、台、楼、阁！"薛涛口气轻蔑。

"难得看见这等宅院！恍眼如见了长安帝宅皇宫。"元稹继续感叹。

"这是元大才子所要羡慕的？"薛涛追问了一句。

元稹无言可对。

二、蜀椒辛

元稹查案愈顺利，就愈发佩服薛涛。愈佩服薛涛，便愈发现薛涛真是一个聪明的玉人儿，面容玉白，肌肤白玉。

她告诉元稹道：凡妇人发秃，酒浸汉椒搽发，自然生。

元稹关注眼前的美人儿果然秀发飘飘舒展亮黑，如墨玉似碧岫。

又说：在夏季，用丁香一两，磨为细末，以蜀椒六十粒研碎和之，以绢袋盛佩之，绝无汗气。

元稹这才注意到无怪乎现在虽是六月天，却从来没有嗅到她的汗气。

薛涛又取了自己的香奁盒给元稹观看，里面有许多金、银、玉、贝做成的花朵首饰。在这些什物下面居然有粒粒蜀椒。她说蜀椒可以让这些翡翠花朵首饰色泽保鲜。

她还告诉元稹，吃花椒可以强肾固牙去死肤，就是有让肌肤光嫩的功效。

第二天，元稹专门点了一份花椒重的菜肴，结果可以想象，麻得一塌糊涂，舌头搅不转了，眼泪汪汪的，迷迷糊糊的。

薛涛道："啊呀，忘了告诉九郎，花椒性辛，略毒。"

元稹嗔怪道："涛、涛、涛姊为什么不早说？"

薛涛笑闪了腰，抹着眼泪道："还以为九郎是大唐进士，未来的翰林学士，什么都懂。"

元稹这才感觉到女人有女人的知识，女人有女人的世界，男人却一无所知。

三、搅酒令

旧友黄明府黄县令应约携酒来访。

元稹请薛涛相陪，他早闻薛涛精于酒令，今倒要见识一番。

黄明府是元稹此次来东川经过褒城望驿时所遇到的旧友。

褒城望驿为园林风格，水池宽阔，亭台楼榭盛大。

前日元稹在驿馆内散步时，有黄明府见迎。细观面容，总觉曾经见过。一问前衔，才恍然醒悟，此人即往昔逃离酒席的黄县丞，现已称为黄明府黄县令了。

黄明府听说前事后，也恍然而悟，连连点头："正是，正是，正是在下。"

黄明府当即赠酒一樽，请元稹泛舟嘉陵江，做载酒行。

元稹兴致勃勃，一边问询江山古迹，一边与之尽饮。

黄明府勃勃兴致，一边指示当年褒女所奔走城在其左，诸葛所征之路次其右，一边频频举杯。

一番感古怀今之后，元稹作《黄明府诗并序》：

> 小年曾于解县连月饮酒，予常为觥录事。曾于窦少府厅，有一人后至，频犯语令，连飞十二觥，不胜其困，逃席而去。醒后问人，前虞乡黄丞也。此绝后不复知。元和四年三月，予奉使东川。十六日，至褒城东数里，遥望驿亭，前有城池，楼榭甚盛。逶巡，有黄明府见迎，瞻其

形容，仿佛似识，问其前衔，则固曩时之逃席黄丞也。说向前事，黄生惘然而寤，因馈酒一槽，舣舟请予同载。予不免其意，与之尽欢。徧问座隅山川，则曰："褒姒所奔之城在其左，诸葛所征之路次其右。"感今怀古，作《黄明府诗》云：

> 少年曾痛饮，黄令困飞觥。席上当时走，马前今日迎。
> 依稀迷姓氏，积渐识平生。故友身皆远，他乡眼暂明。
> 便邀连榻坐，兼共榜船行。酒思临风乱，霜稜扫地平。
> 不堪深浅酌，贪怆古今情。逦迤七盘路，坡陀数丈城。
> 花疑褒女笑，栈想武侯征。一种埋幽石，老闲千载名。

士隔三日，须刮目相看。今日的黄明府，已非昨日的黄县丞了，酒量见涨，口才也见涨了。

元稹此番特约他来，就是要让他见识薛涛的机智。

酒席满上，元稹自报做酒觥录事。

薛涛端杯，笑吟吟道："黄明府大人请。"

可是，十几番下来，黄明府丢盔卸甲，输得一塌糊涂，喝得一塌糊涂。

元稹自酌一杯后，这才笑吟吟地向黄明府说起了薛涛精于酒令的往事：

在成都，曾有黎州刺史，与薛涛搅酒。薛涛相约作《千字文令》，字面须带有禽鱼鸟兽。

那个愣头青的刺史，也不让人，雄赳赳地道："有虞陶唐。"

坐客忍笑不罚，因为一开始就说错了，若罚便坏了黎州刺史的兴致。

等至薛涛说出"佐时阿衡"，有人立即高呼道："语中无鱼，请罚！"

薛涛从容笑道："请看清楚，'衡'字中尚有小鱼子。刚才使君'有虞陶唐'，都无一鱼，为何不罚？！"

一时间宾客大笑，皆赞薛涛机灵。

黄明府埋怨说："原来女史还有一个传说，御史大人为什么不早说？"

元稹回应道："说早了，明府还会喝么？"

薛涛笺

　　薛涛在世时，薛涛笺即被视为珍品。到了晚唐五代
时，薛涛笺已经成为一个商业神话。成都浣花溪出产的薛
涛笺，犹似彩蝶一样飞闪在大唐诗坛。

一、浣花溪

唐时，浣花溪为成都造纸制笺中心。

浣花溪溪水，来自清水河，清水河又叫清江。杜甫有诗句："清江一曲抱村流。"清江分自岷江水，从都江堰流来。

浣花溪，竹林幽幽，水清水盈，造纸制笺，条件天然。浣花溪，又兼交通便利，可以先载小船，至万里桥头换大船，入锦江，通岷江，汇长江，直通东吴。杜甫的草堂正好在浣花溪，吟道："窗含西岭千秋雪，门泊东吴万里船。"

薛涛退隐浣花溪后，开始学习造纸制笺。

此时在青羊宫的红字娘、卓巧巧在念经之余，也不时赶过来帮忙。

浣花溪造纸制笺繁复，五花八门。薛涛刚入门时，看得眼花缭乱。慢慢地，她理出造纸制笺的门门道道来。

浣花溪所出产的纸品，主要有广都纸、益州麻纸二种。

《山海经·海内经》：

> 西南黑水之间，有都广之野，后稷葬焉。爰有膏菽、膏稻、膏黍、膏稷，百谷自生，冬夏播琴。鸾鸟自歌，凤鸟自儛，灵寿实华，草木所聚。爰有百兽，相群爰处。此草也，冬夏不死。

都广之野，即广都，有牧马山，相传为三国蜀国大将张飞牧马驯马的地方。牧马山上生长着遍山遍野的楮树，俗称构树。楮树树皮是生产广都纸最基础的原料。

广都纸，以产地命名，是唐时四川楮纸中最主要的纸张类型。楮纸制作方法为：首先剥下楮树树皮，放入池中加石灰尿水沤制，然后取出，剥去青皮；再用草木灰水蒸煮，再经切碎、舂捣、洗涤、制浆、捞纸、晒干等工序，才能制成生纸。

益州麻纸，纸性优良。因坚韧耐用，不易磨损，为唐时官方指定用纸。益州麻纸的生产原料为废旧的麻布、麻鞋和乱麻等，原料经切碎、舂捣、漂洗，然后放进纸槽，加入清水，制成纸浆，随后用纸模抄纸，晾干之后，即成生纸。再经施胶、砑光等技术处理，制成白麻纸。如果染以黄檗，就是黄麻纸。若再施胶或黄腊，就称为硬黄纸。黄麻纸与硬黄纸，具有不被虫蚀的特性。

唐时蜀郡麻纸，多供翰林学士书写用，社会需求量极大。

浣花溪所产出的笺纸，通称蜀笺。

当时蜀笺主要有松花笺、砑花笺、蠲笺三种。

所谓松花笺，即一种染色纸，将纸浸于色汁里，然后慢腾腾地拖出来。色汁传自汉代，主要以黄檗为原料，被称为"入潢"，这种技术具有防虫蠹功效。

如若在染檗之后，再在纸表面涂一层黄蜡，或施胶，就成为硬黄纸。益州出产的黄麻纸，就属于硬黄纸。但松花笺省去了这一步，故纸性柔软。

砑花笺有麻面、长麻、鱼子等类别，它的制作方法为：用两块木板，雕刻出一阴凹一阳凸花纹图案相同的版式。然后将浆挺过的纸张放在两块雕版中间，进行印压后便制成了有凹凸暗花的砑花纸。这种凹凸暗花具有防伪功能。

蠲笺，又名"衍波笺"，是一种带有水波纹暗花的笺纸。制作方法为：在抄纸的竹帘上，先用丝线扎成花板，抄纸时，扎有丝线的地方上浆少，就形成了暗花。这种暗花，只有迎着光照才能看见，具有防伪功能。

二、工有巧

朝于斯时，夕于斯地，魂牵梦萦地，身体力行地，没早没晚地研发改进诗笺。

薛涛立志要让十色诗笺像蝴蝶一样起飞于成都浣花溪而风行于大唐诗界。

她详细了解到广都纸作笺有四色：一曰假山南，二曰假荣，三曰冉村，四曰竹丝。广幅无粉者，谓之假山南；狭幅有粉者，谓之假荣造；于冉村，曰清水造；于龙溪乡，曰竹纸。蜀中经史子籍，皆以此纸传印。

她还弄清楚了，砑光的工艺，自汉代就有。就是使用细石碾磨生纸，使凹凸不平的纸面变得平滑而有光泽。

段文昌也时常在公务之余来浣花溪探望薛涛。薛涛请他饮竹针茶，就从春竹蕊中抽出针形嫩芽，泡进茶里，说有清心明目之效。然后，就大讲自己的笺纸谱。段文昌听得耳朵快要起茧壳了，但他还是假装听得津津有味。

薛涛说她一定要研制出写诗的专用笺纸。因为唐代的笺纸大多用于抄写佛经和长篇书札，所以纸幅较大，长十一寸至十八寸，宽八寸至十寸不等。这样的纸幅，用以书写流行四行，或八行小诗，相当不方便，也不美观。因此，薛涛决意要改变这种状况。

半旬过去了，半年过去了。薛涛的笺纸作坊的废料，快堆成一座山了。

红字娘、卓巧巧也在空暇时，从青羊宫跑出来帮忙。

段文昌说薛涛成了愚公移山，感动姐妹们。

实际上，特别让薛涛感动的是段文昌，他专门为她查阅了春秋时齐国政府指定、监督和考核官府手工业的《考工记》。又用毛笔抄录了一段，贴在笺纸作坊的墙上：

> 天有时，地有气，材有美，工有巧，合此四者，然后可以为良。

薛涛将此做了作坊的工训。

又将春秋管仲的语录做了另一条工训：

> 清神生心，心生规，规生矩，矩生方，方生正，正生历，历生四时，四时生万物。

广都纸的原料，取自牧马山上遍山遍野的楮树皮。牧马山距离成都浣花溪有六七十里路，牛车一车的运费和楮树皮的价格差不多一样了。

楮树是速生树种，年年剥皮年年长。

成都城里城外就近的地方，有没有可以替代的树种？

春去秋来，朝思夕计的薛涛，看见成都木芙蓉花开了，还是并蒂的。想起老农说，这木芙蓉一日九变色，好看得很。又说这木芙蓉贱得很，扦插即生，没人要。

薛涛眼睛一亮，这木芙蓉树皮正好是楮树皮的替代品，这木芙蓉花泡水作为染料正好可以替代黄檗。于是她借用广都纸生产工艺，将楮树皮改进为以木芙蓉树皮作原料；借用松花笺的染色工艺，将黄檗叶染纸改进为以木芙蓉花末汁制成染料。经过反复试制，成功了，笺纸的品性不错，韧性几乎与楮纸相当，色彩依木芙蓉的花色而定。最为关键的是笺纸的生产成本大大地降下来了。

薛涛研制的笺纸成为唐时蜀笺中的一种新品种，不仅是性价比最高的蜀笺，还是专门用来书写诗歌的笺纸。人称"薛涛笺"，又名"浣花笺""减样笺""红笺"。

宋人乐史《太平寰宇记·土产》：

纸惟十色。竹有则种。

《太平寰宇记·旧贡》：

薛涛十色笺，短而狭，才容八行。

薛涛笺共有十色：深红、粉红、杏红、明黄、鹅黄、深青、浅青、深绿、铜绿、浅云。除了深红桃花色，这是唐代流行的色彩，也是薛涛最钟爱的色彩，每年以两色为主打产品上市，依次循环，以让诗笺成为十色集套，保障畅销。可见薛涛的营销策略之精明所在。

薛涛笺在工艺上还借用了砑花纸的压花工艺、蠲笺的水波纹暗花工艺。这两种工艺，也成为薛涛笺的防伪标志。

薛涛笺，让天下的诗人从此有了书写诗歌的专门诗笺。

浣花溪，溪水潺潺，一阵风过，竹林依依。

一队队牛车，篷布呈圆形，从远而近，牛腿迈动，牛眼圆睁，映出薛涛笺作坊的屋顶。

红字娘挽着袖子，系着围裙，忙着指导卸下牛车上的木芙蓉树皮，倒进沤料池里。

石磨缓缓转动，浣花溪银白的急流转动巨大的水碾，轰轰隆隆。奇异好闻的花香药香混合在空气中浮荡，数只白鹭掠过青天。

卓巧巧睁大眼睛，细看着秤杆，严格控制着每一百匹笺纸的染色配方，又监督着制作工序：木芙蓉花末半升，炒煎赤，冷水三碗煎汁，用银米粉一两，矾五钱，研细，先入盆内，将花汁煎起，用绢滤过，放入盆内搅匀，拖纸以淡为宜。

薛涛束发，着半袖装，忙里忙外：时而指导示范拖纸，时而察看原料成色，时而执尺规矩着大幅裁成小张的尺寸，时而用手确认晾挂纸张的干湿程度，时而亲自进行雕版压模……

阳光将挂架上的大幅彩纸，映照成了蜀锦一般五彩缤纷。

一沓沓十色的成品彩笺，像蝴蝶一样在艺人的手里翻飞，包装、加印。

一队队牛车，篷布呈方形，从近而远，向万里桥码头而去。

万里桥码头，浪花拍岸，白云悠悠，鹭鸥上下。风帆云集，樯橹参差。

大型的帆船，有"渝州""荆州""扬州"的船号。中型的舫船，即双体的官家船，插有"益州""成都县""华阳县"的官号旗幡。小型的民用乌篷船，篷上有"东门""西门""南门""北门"的字样。

西亭唱和与锦楼分韵的成都诗会，率先用起了薛涛笺。

看着众人竞相传看，听着大家的齐声称赞，薛涛的心情好似秋风里初开的木芙蓉花一样，神气清爽。

唐代的染色纸以薛涛笺最为著名。

关于薛涛笺的制式，晚唐李匡乂《资暇集》记述道：

> 松花笺，代以为薛陶（涛）笺，误也。松花笺其来旧矣。元和初，薛陶（涛）尚斯色，而好制小诗，惜其幅大，不欲长，賸长之长，乃命匠狭小之。蜀中才子既以为便，后减诸笺亦如是，特名曰薛陶（涛）笺。今蜀纸有小样者皆是也，非独松花一色。

"賸"同"剩"。李说明薛涛以诗人的身份制笺，"惜其幅大，不欲长，賸长之长，乃命匠狭小之"，而且成为当时的新时尚，从而改变了使用笺纸的旧俗。在制式上节约实用，并且还因此指出"薛陶（涛）笺"开始的时间当在元和初以后。

李匡乂，官至宗正少卿，生卒及行状不详。《资暇集》系考证之作，分别纠正旧说谬误，论说事物原委，杂谈名物风俗。清人周中孚的评价毁誉参半："其书考证古语、旧事以及名物，皆援据典核，而间失之疏舛，大约与李氏《刊误》、苏氏《演义》诸书相近。"

明代胡震亨《唐音癸签》卷二十九：

> 诗笺始薛涛，涛好制小诗，惜纸幅长賸，命工匠狭小之，时谓便，

因行用。其笺染潢作十种色，故诗家有十样蛮笺之语。

胡震亨进一步说明了，薛涛以诗人的身份制笺，不仅改进了使用笺纸的旧俗，而且让"笺纸"变为"诗笺"。

那么，薛涛笺究竟为何如此，今人张蓬舟考察解释得最为详尽：

> 古代笺纸多用于长篇书札，作字又多行草，且有"批反"之习，需留空白纸张于书札之后，以待受者就纸作答，此北宋沈括《梦溪笔谈·补笔谈》所谓："前世风俗，卑者致书于所尊，尊者但批纸尾答之，曰'反'。故人谓之'批反'。如官司批状，诏书批答之类。故纸尾多作'敬空'字，自谓不敢抗敌，但空纸尾以待批反耳。"此当时笺纸之所以必需大幅也。薛涛笺则不如是，盖只作写诗之用，无待"批反"，是以后世有诗笺之称。涛又喜作小诗，亦即律、绝两体，少止二十字，多则五十六字，大幅笺纸遂无所用，故创为新样小笺，人以为便，即作书札，亦减诸笺为小样，一纸铺叙不尽，可增至纸；倘题小诗，则一纸已足，故甚实用也。

南宋计有功《唐诗纪事·薛涛》卷七十九：

> 涛好制小诗，惜其幅大，狭小之。蜀中号薛涛笺。

即薛涛笺的制式为"短而狭，才容八行"，所以称谓"八行诗笺"。

关于薛涛笺的色彩，晚唐李匡乂说："元和初，薛陶（涛）尚斯色。"那么最初的薛涛笺是什么颜色？

在薛涛诗中，薛涛笺被通称为"红笺"。

> 越管宣毫始称情，红笺纸上撒花琼。
>
> （薛涛《十离诗之笔离手》）

去春零落暮春时，泪湿红笺怨别离。

（薛涛《牡丹》）

长教碧玉藏深处，总向红笺写自随。

（薛涛《寄旧诗与元微之》）

最早提到薛涛笺颜色的，是李商隐《送崔珏往西川》中的诗句"浣花笺纸桃花色"，可是没有具体指出薛涛笺的颜色究竟为何色，因为桃花的颜色亦有白色、粉色、桃红色等，因此"桃花色"是一个统指。

指明薛涛笺颜色的诗句，是晚唐韦庄《乞彩笺歌》中的"泼成纸上猩猩色"。"猩猩色"，为鲜红色。

具体指明薛涛笺颜色的诗句，是唐代崔道融《谢朱常侍寄贶蜀茶剡纸二首》之二中的"薛家凡纸漫深红"。

专述薛涛笺颜色的专著，是元代费著的《笺纸谱》：

涛所制笺，特深红一色尔。

但实际上，薛涛笺的颜色是非常丰富的。

北宋李石《续博物志》卷十：

元和中，元稹使蜀，营妓薛陶（涛）造十色彩笺以寄，元稹于松华纸上寄诗赠陶（涛）。蜀中松华笺、杂色流沙纸、彩霞金粉龙凤纸，近年皆废，唯余十色绫纹尚在。

元代张玉娘《锦花笺》诗有句：

薛涛诗思饶春色，十样鸾笺五彩夸。

关于薛涛笺的名称，薛涛笺名称最早出自晚唐李匡乂《资暇集》中的记述："特名曰'薛陶（涛）笺'。"

北宋钱易《南部新书》亦记述："元和之初，薛涛好制小诗，惜其幅大，不欲长膡，乃狭小之。蜀中才子既以为便，后减诸笺亦如是，特名曰薛涛笺。"南宋计有功《唐诗纪事》："涛好制小诗，惜其幅大，狭小之。蜀中号薛涛笺。"

南宋祝穆《方舆胜览》记述：

> 涛，蜀妓也，以造纸为业。

这里的"造纸"实际上就是制笺。

在薛涛笺问世之前，那些用于写诗的笺，不是纸型大而不当，就是色彩俗不可耐！在一个诗歌风行天下的时代，竟然没有题写诗歌的专用诗笺，实为诗唐一大憾事！薛涛发现了这中间的商机，薛涛笺应运而生。

计有功的《唐诗纪事》、费著的《笺纸谱》均载：

> 涛侨止百花潭（浣花溪下游），躬撰深红小彩笺，裁书供吟，献酬
> 贤杰。

薛涛制笺，以自己喜爱的红色为基本色调，愈制愈精。选料、染色，制作工艺的不断改进，实际上是对唐朝造纸制笺技术的推进。因此，明人何宇度《益部谈资》说蜀笺：

> 至唐而后盛，至薛涛而后精。

元和五年（810年），新型实用的诗笺终于研制成功了，薛涛时年四十一岁。

三、彩云初

荣班联锦绣，谏纸赐笺藤。

（元稹《纪怀，赠李六户曹、崔二十功曹五十韵》）

陈遵修尺牍，阮瑀让飞笺。

（元稹《献荥阳公诗五十韵》）

改张思妇锦，腾跃贾人笺。

（元稹《酬乐天江楼夜吟稹诗，因成三十韵》）

大才子元稹使用薛涛笺，可谓"近水楼台先得月"。

酒酣襞笺飞逸韵，至今传在人人口。

（刘禹锡《乐天寄忆旧游，因作报白君以答》）

曾忝扬州荐，因君达短笺。

（刘禹锡《送陆侍御归淮南使府五韵》）

静对挥宸翰，闲临爨彩笺。

（刘禹锡《奉和中书崔舍人八月十五日夜玩月二十韵》）

刘禹锡也是喜欢使用薛涛笺的诗人。

但要论写相关薛涛笺诗最多的人还是白居易。

冷滑无人迹，苔点如花笺。

（白居易《游悟真寺诗》）

红笺白纸两三束，半是君诗半是书。

（白居易《开元九诗书卷》）

可怜颜色好阴凉，叶翦红笺花扑霜。

（白居易《石楠树》）

斜行题粉壁，短卷写红笺。

（白居易《江楼夜吟元九律诗，成三十韵》）

《江楼夜吟元九律诗，成三十韵》诗作于元和十二年（817年），白居易四十六岁，为江州司马。"短卷写红笺"，表明西蜀薛涛笺的制式，"短而狭，才容八行"。

花笺印了排窠湿，锦褾装来耀手红。

（白居易《妻初授邑号告身》）

缓步携筇杖，徐吟展蜀笺。

（白居易《新昌新居书事四十韵因寄元郎中张博士》）

素笺一百句，题附元家诗。

（白居易《同微之赠别郭虚舟炼师五十韵》）

四幅花笺碧间红，霓裳实录在其中。

（白居易《霓裳羽衣歌》）

写了吟看满卷愁，浅红笺纸小银钩。

（白居易《写新诗寄微之偶题卷后》）

《写新诗寄微之偶题卷后》诗作于宝历二年（826年），白居易五十五岁，为苏州刺史。

蜀笺写出篇篇好，吴调吟时句句愁。

（白居易《重答汝州李六使君见和忆吴中旧游五首》）

此诗作于大和二年（828年），白居易五十七岁，在长安为刑部尚书。

唯恨诗成君去后，红笺纸卷为谁开。

（白居易《除夜言怀兼赠张常侍》）

"红笺"专指薛涛笺，白居易与元稹之间的诗唱和，已经专门使用薛涛笺了。

"缓步携筇杖，徐吟展蜀笺"，白居易将"蜀笺"与"筇杖"对举，视同为蜀中特产。

白居易的"素笺一百句"，表明蜀笺也有白色的。"浅红笺纸小银钩"，表明薛涛笺也有浅红色的了。"香笺"，表明薛涛笺不仅有色，还有味。

高声索彩笺，大笑催金卮。唱和笔走疾，问答杯行迟。

一咏清两耳，一酣畅四肢。主客忘贵贱，不知俱是谁。

客有诗魔者，吟哦不知疲。乞公残纸墨，一扫狂歌词。

（白居易《裴侍中晋公以集贤林亭即事诗二十六韵见赠猥蒙徵和才

拙词繁辄广为五百言以伸酬献》）

此诗作于大和九年（835年），白居易六十四岁，在洛阳为太子宾客分司东
都。

白居易的"高声索彩笺，大笑催金卮"，表明了诗人们唱和时，相互间索笺
是为雅尚。

老泪交流风病眼，春笺摇动酒杯心。

（白居易《醉中见微之旧卷有感》）

白居易的"春笺摇动酒杯心"，表明诗人对于蜀笺审美的主观想象的投射。

白居易诗中"红笺"，是出现最多的，表明此公从做江州司马起，就一直爱
好薛涛笺了。

元稹、刘禹锡、白居易，是中唐诗坛上翘楚。他们关于诗笺的诗，影响极
大。有中唐三大诗人的加持，薛涛笺成为蜀地出产的最有品牌的诗笺。

鲍溶《寄王璠侍御求蜀笺》诗：

蜀川笺纸彩云初，闻说王家最有馀。

野客思将池上学，石楠红叶不堪书。

此诗又一次表明诗人们之间相互索笺，是为雅尚。"蜀川笺纸彩云初"，此
诗连诗题，出现两次"笺"字。

鲍溶，元和四年（809年）进士，狂热的薛涛笺追捧者。王播卸任剑南西川
节度使返回长安城，并带回了西蜀薛涛彩笺。鲍进士不知从哪里得到了消息，情

急之下，就写下了这首求笺诗。

何兆《赠兄》诗：

> 洛阳纸价因兄贵，蜀地红笺为弟贫。
>
> 南北东西九千里，除兄与弟更无人。

何兆，唐代诗人，生卒不详，蜀人，《全唐诗》存其诗三首。何兆在诗中，将"洛阳纸价"与"蜀地红笺"对举，而且指出了两者之间"南北东西九千里"的空间距离，并列出"洛阳纸"与"蜀地红笺"的名气。

> 内人对御叠花笺，绣坐移来玉案边。
>
> ［王建《宫词（一百首）》］

> 锦江诗弟子，时寄五花笺。
>
> （王建《句》）

王建与西蜀往来密切，曾在元和四年（809年）来过成都，也拜会过时任剑南西川节度使的武元衡。王建此诗当为薛涛而作。"五花笺"，表明当时的蜀笺不只有深红色笺，还有其他色的。

> 蜀国鱼笺数行字，忆君秋梦过南塘。
>
> （羊士谔《寄江陵韩少尹》）

> 彩笺蹲鸑兽，画扇列名羣。
>
> （羊士谔《和武相早朝中书候传点书怀奉呈》）

> 掷地好词凌彩笔，浣花春水腻鱼笺。
>
> （羊士谔《都城从事萧员外寄海梨花诗，尽绮丽至惠然远及》）

羊士谔的诗不仅说明"鱼笺"出自"蜀国",而且指出其具体产地为"浣花（溪）"。

中唐诗人羊士谔（约762—819），进士。有《郡中言怀寄西川萧员外》诗（萧员外或疑为萧祐），与武元衡亦有诗。因此，羊士谔使用的"蜀国鱼笺"当为薛涛笺。

至于晚唐五代，第一次以地名命名薛涛笺的李商隐的诗《送崔珏往西川》，有句：

浣花笺纸桃花色，好好题诗咏玉钩。

这是因为薛涛制笺时居住在成都东南郊的浣花溪。

第一次以身份命名薛涛笺的司空图的诗《狂题十八首》之一：

芭蕉丛畔碧婵娟，免更悠悠扰蜀川。

应到去时题不尽，不劳分寄校书笺。

还有将薛涛笺昵称为"蛮笺"的，杜牧《往年随故府吴兴公夜泊芜湖口，今赴官西去再宿芜湖，感旧伤怀，因成十六韵》有句：

貔貅环玉帐，鹦鹉破蛮笺。

杜牧的"鹦鹉破蛮笺"，吴在庆《杜牧集系年校注》云："蛮笺，指高丽所制之纸。冯注：'《天中记》：唐中国纸未备，故唐人诗中多用蛮笺字。高丽岁贡蛮笺，书卷多用为衬。'"

与薛涛有父执之交的段成式，亦有《寄温飞卿笺纸》诗。

更有一位晚唐五代诗人韦庄，对薛涛笺情致勃发，春色断肠地写下了长诗《乞彩笺歌》：

浣花溪上如花客，绿暗红藏人不识。

留得溪头瑟瑟波，泼成纸上猩猩色。

手把金刀擘彩云，有时剪破秋天碧。

不使红霓段段飞，一时驱上丹霞壁。

蜀客才多染不供，卓文醉后开无力。

孔雀衔来向日飞，翩翩压折黄金翼。

我有歌诗一千首，磨砻山岳罗星斗。

开卷长疑雷电惊，挥毫只怕龙蛇走。

班班布在时人口，满袖松花都未有。

人间无处买烟霞，须知得自神仙手。

也知价重连城璧，一纸万金犹不惜。

薛涛昨夜梦中来，殷勤劝向君边觅。

　　"浣花溪上如花客，绿暗红藏人不识。"诡谲的隐喻，奇异的拟人。"蜀客才多染不供，卓文醉后开无力。"物以稀为贵，薛涛笺以有限的生产，制造了无限的遐想。

　　晚唐五代的才子韦庄，无缘见到中唐佳人薛涛的风韵，然而他通过长时间的凝视，恍兮惚兮地从薛涛笺的桃红松花纹上，幻想出孔雀翩翩。梦中会面薛涛，得到了灯下看美人桃靥的快慰、快意与快乐——"薛涛昨夜梦中来，殷勤劝向君边觅"。

　　韦庄的《乞彩笺歌》是一首薛涛笺的绝妙广告诗。此诗一出，薛涛笺挡不住地风行天下，竟让文人墨客们活生生地患上了"一纸万金犹不惜"的恋物疯狂症。

　　薛涛在世时，薛涛笺即被视为珍品。到了晚唐五代时，薛涛笺已经成为一个商业神话。成都浣花溪出产的薛涛笺，犹似彩蝶一样飞闪在大唐诗坛。

朝气深

篇
十
三

　　思绪又沉静了下来，薛涛回心又想，当年东川的浓情，月下咏花、雨朝题柳的时光。人生长河如此奇妙：当时的爱情之金石沉了下去，如今的浪漫之水花浮了上来。

一、泰山力

唐德宗贞元十九年（803年），元稹二十五岁时，三喜临门。

在长安中平判科四等，当上了秘书省校书郎。

真巧，与白居易"校正同省"，一起在秘书省为校书郎。两人性情又相当投缘，于是"诗章赠答"，意气风发，相互倾慕，"爱等兄弟"。

稍后，长安京兆尹韦夏卿"选婿得今御史河南元稹"，遂将幼女韦丛嫁与元稹。

元稹的婚姻，便是元稹的政治愿景。老泰山韦夏卿，居官不高，却是声名赫赫。

大历中，韦夏卿与弟弟韦正卿同日登科，在长安城中传为佳话，读书人皆曰："今日盛事，韦氏兄弟占尽风头！"

韦夏卿在官场仕途，从来没有做过一方主官，没有出过方镇，官衔也最后停止于东都留守，不再上升。

然而，韦夏卿却是出了名的官场伯乐。他在东都时，手下有吏八人，其中路公隋、皇甫镈后来皆为宰相，张尚书贾、段给事平仲、卫大夫中行、李常侍翱、李谏议景俭、李湖南词后来皆当了显官，而且为朝中名人。

韦夏卿目光如炬，眼力深刻，有知人之鉴。

一日退朝，在长安街中，逢见了从弟韦执谊、韦渠牟和韦丹，三个从弟恰好在家中排行二十四，并为郎官。

韦夏卿见他仨簇马良久，聚目视之，吟笑曰："今日逢三二十四郎，让我给你们仨看看前程吧。"

对韦执谊说："汝必为宰相，善保其终吧。"

对韦渠牟道："弟当别奉主上恩，而速为公卿。"

对韦丹曰："三人之中，弟最长远，而位极旄钺，当为上将军。"

后来，韦夏卿的预言竟然一一应验。

《旧唐书·卷一百六十五》记述：

> 夏卿有风韵，善谈谑，与人同处终年，而喜愠不形于色。抚孤侄，恩踰己子，早有时称。其所与游辟之宾佐，皆一时名士。为政务通适，不喜改作。始在东都，倾心辟士，颇得才彦，后多至卿相，世谓之知人。

元稹娶韦夏卿之女，当然是有政治愿景的。

在仕途与情感之间，男人多半选仕途。

面对薛涛的爱情攻势，元稹节节后退，不敢正面回答，也自有苦衷与企望。

这是因为元稹的婚姻是有政治目的的，那就是有助于仕途的飞黄腾达。这是每个男人的梦。

元稹与韦丛的结合，潜隐的目的，就是要在仕途上借泰山之力青云直上。

俗话说，油瓮子装得满满的，都是邻家的，自家的油瓮子何日才满啊？！

二、断弦声

唐宪宗元和四年（809年）三月，元稹充任剑南东川详覆使，前往东川办案，五月返长安。

同年七月九日，夫人韦丛病逝于洛阳，元稹不胜其悲。

韦丛走时太年轻了，才二十七岁。

这让元稹无比惋惜，此时元稹为监察御史，分司东都洛阳，他写下了《夜闲》：

> 感极都无梦，魂销转易惊。风帘半钩落，秋月满床明。
>
> 怅望临阶坐，沉吟绕树行。孤琴在幽匣，时逬断弦声。

该诗实录了中年丧妻的心情，整个人心都是麻木的。

琴瑟和谐，比喻恩爱夫妻。如今是孤琴断弦，丧妻之喻啊。

十月，遣家人葬韦丛于咸阳元氏祖茔，元稹请当朝碑铭名家韩愈为夫人韦丛撰写墓志铭：

监察御史元君妻京兆韦氏夫人墓志铭

夫人讳丛，字茂之，姓韦氏。其上七世祖父封龙门公。龙门之后世，率相继为显官。夫人曾祖父讳伯阳，自万年令为太原少尹副留守北都，卒赠秘书监。其大王父迳，以都官郎为岭南军司马，卒赠同州刺史。王考夏卿以太子少保卒赠左仆射，仆射娶裴氏皋女。皋为给事中，皋父宰相耀卿。夫人于仆射为季女，爱之，选婿得今御史河南元稹。稹时始以选校书秘书省中，其后遂以能直言策第一，拜左拾遗，果直言失官；又起为御史，举职无所顾。夫人固前受教于贤父母，得其良夫，又及教于先姑氏，率所事所言皆从仪法。年二十七，以元和四年七月九日卒。卒三月，得其年之十月十三日葬咸阳，从先舅姑兆。铭曰：

诗歌《硕人》，爰叙宗亲。女子之事，有以荣身。夫人之先，累公累卿。有赫外祖，相我唐明。归逢其良，夫夫妇妇。独不与年，而卒以夭。实生五子，一女之存。铭于好辞，以永于闻。

韩愈不愧为当朝撰写碑铭的名家，有"时韩碑铭独唱"的说法，韩愈所撰写的碑铭最为响亮，他的行文叙事，面目首尾，神思莫测，没有重复。

韩愈先是盛赞元夫人韦氏出身世家，身份高贵。

又称赞了元稹："选婿得今御史河南元稹。稹时始以选校书秘书省中，其后遂以能直言策第一，拜左拾遗，果直言失官；又起为御史，举职无所顾。"

最后用《诗经·硕人》中的庄姜来比拟韦丛。"巧笑倩兮，美目盼兮。"庄姜不仅家世显赫，出身高贵，并且美貌如玉，容止动人。

三十一岁的元稹，中年丧妻，一想起夫人韦丛种种往事，便泪水涟涟。

夫人韦丛葬后，元稹更是一心扑到为朝廷监察办案上。案子办得风生水起，雷厉风行，四方震动。一时间，朝廷宰相案上，全是元稹上奏的案卷。

上奏弹劾山南西道节度使等不法之事；上奏弹劾王绍违法给券，令监军押柩及家口入驿；上奏弹劾裴玢违敕旨征百姓草；上奏弹劾韩皋使军将封杖打杀县令。

如此之事，前后甚多。在元稹看来，此为职责所在，属朝廷法行，悉有惩罚。

一时间，朝廷上下，皆知元稹大名。有人焦急，有人开心，有人暗笑。

元稹作为东台监察御史，为国执法，自我感觉良好，没有察觉有什么不妥。

元稹在公务繁忙之际，居然还向诗友韩愈索要辛夷花——《辛夷花·问韩员外》：

> 问君辛夷花，君言已斑驳。
>
> 不畏辛夷不烂开，顾我筋骸官束缚。
>
> 束遣推囚名御史，狼藉囚徒满田地。
>
> 明日不推缘国忌，依前不得花前醉。
>
> 韩员外家好辛夷，开时乞取三两枝。
>
> 折枝为赠君莫惜，纵君不折风亦吹。

韩愈读了这首乐府诗后，晓得元稹之意不在索花，而在说事。仕途险恶，看来这年轻人有些厌倦了。韩愈有些为诗友担心了。

元稹后来又弹劾河南尹房式为不法事，为了追摄，便擅自下令停务，即飞表闻奏，罚河南尹一月俸禄。这一下子，彻底触怒了当朝权宠宰相，他们认为元稹是大象撞进了琉璃宫，太过莽撞，于是将其召回长安。

实际上，事情并非一日之寒。之前，元稹在东川的行事锋利，已经让朝廷执政有些看法了。

元稹出使东川，不知深浅，对"死老虎"、已故剑南东川节度使严砺的处理过于严厉，有违死者不究的潜规则。

不利的因素在暗暗滋长，只是直言直行的元稹浑然不觉而已。

此时，元稹在将离未离洛阳之际，听闻诗友卢子蒙亦是中年丧妻，对此他太有感受了，那一大夜里，他写下了《初寒夜寄卢子蒙》：

> 月是阴秋镜，寒为寂寞资。轻寒酒醒后，斜月枕前时。
>
> 倚壁思闲事，回灯检旧诗。闻君亦同病，终夜远相悲。

那一阵子，元稹白天忙公务如蹚泥潭，黑夜难眠远相悲。

元和五年（810年）元稹作《酬翰林白学士代书一百韵》诗，有句"潘鬓去年衰"，自注云：

余今年始三十二，去岁已生白发。

元稹得罪了人，搬起的石头最终会砸在自己的油瓮子上。

元稹自洛阳返长安，路经华州敷水驿，与宦官发生争厅事件。

本来元稹先行到敷水驿馆，已经在大房客邸安顿下来。

元稹望着窗外的寒月，心里有些惆怅，口占一首《旅眠》：

内外都无隔，帷屏不复张。

夜眠兼客坐，同在火炉床。

诗毕，元稹和衣躺下，忽然听到屋外闹哄哄的。

原来朝廷内官中使仇士良一行夜至，却无理要求元稹退出大房客邸。

元稹不肯让出客邸，仇士良冲上去又捶又踢，咚咚咚地竟踢坏了门扇。

元稹见惹不起，便只着袜子，避走厅后。

仇士良见状，不依不饶，仍追上去用鞭子击伤元稹的脸面，并抢夺元稹的鞍马，又举起弓箭，进行恫吓，威胁人身。

仇士良事后又反告元稹不尊重中使，有失体统。

被人打掉了牙齿，还得自己悄悄吞下。

元稹忽地从天朝御史的霜威得意高台，一下子跌到了官场争斗的冰冷深渊。

一时间，他的心情沮丧极了，人生的绝望与世界的虚妄啊。

元稹在敷水驿与朝廷内官中使仇士良争厅，是不尊重老臣，有违道德。

这一下，朝廷宰相以元稹年少轻树威，失宪臣体，贬江陵士曹参军。

这一下，白居易急得连忙上疏，为元稹辩解，也无济于事。

这一下，元稹要若干年后，才醒悟其中的缘故，他后来在《同州刺史谢上表》中云："及为监察御史，又不敢规避，专心纠绳。复为宰相怒臣不庇亲党，因以他事贬臣江陵判司。"

元稹遭贬了。

从长安到江陵的途中，元稹无心观赏沿途美景。

他伤心欲绝地写下《离思五首》：

其一

自爱残妆晓镜中，环钗谩篸绿云丛。

须臾日射胭脂颊，一朵红苏旋欲融。

他想起了夫人韦丛用环钗着簪压乌发，朝阳柔光映照在脸颊上，犹如一朵红酥酥的花朵将要融化。

其二

山泉散漫绕阶流，万树桃花映小楼。

闲读道书慵未起，水晶帘下看梳头。

他还想起了窗外山泉的流水声，春天的桃花映红了小楼房，晚起的自己，隔着水晶帘看着早起的韦丛梳头。

其三

红罗著压逐时新，杏子花纱嫩麹尘。

第一莫嫌材地弱，些些纰缦最宜人。

他又想起了韦丛着淡黄衣裙时，宛如杏花色泽一样的宜人。

其四

曾经沧海难为水，除却巫山不是云。

取次花丛懒回顾，半缘修道半缘君。

离思诗写到其四时，元稹一下子回忆起自己曾经寻花访柳的经历，起句比兴变得夸张离奇，成为神话，这是虚构。然后用"花丛"指代曾接触过的女性，最后落实到韦丛，将韦丛放在心底位置，从今往后不可替代。

其五

寻常百种花齐发，偏摘梨花与白人。

今日江头两三树，可怜和叶度残春。

夫人韦丛去了，眼前景色暗淡，人也心灰意冷了。

"曾经沧海难为水，除却巫山不是云。取次花丛懒回顾，半缘修道半缘君"竟为长安青楼歌女、宫中舞女争相传唱。

元和五年（810年），元稹做起了闲散无事的江陵士曹参军，俸禄十万钱，一人过日子，绰绰有余。

人一闲下来，便在心中无限怀念夫人韦丛。

在那个落花流水春去也的日子里，他念叨着夫人韦丛生前种种好处，作了《遣悲怀三首》：

其一

谢公最小偏怜女，自嫁黔娄百事乖。

顾我无衣搜荩箧，泥他沽酒拔金钗。

野蔬充膳甘长藿，落叶添薪仰古槐。

今日俸钱过十万，与君营奠复营斋。

回忆起当年新婚独立成家的时光，夫人为自己拔金钗沽酒的往事，清贫里有甜蜜。如今有钱了，人却不在了。

其二

昔日戏言身后意，今朝都到眼前来。

衣裳已施行看尽，针线犹存未忍开。

尚想旧情怜婢仆，也曾因梦送钱财。

诚知此恨人人有，贫贱夫妻百事哀。

"贫贱夫妻百事哀"，当年往事一起涌上心头。

其三

闲坐悲君亦自悲，百年都是几多时。

邓攸无子寻知命，潘岳悼亡犹费词。

同穴窅冥何所望，他生缘会更难期。

惟将终夜长开眼，报答平生未展眉。

此时，功名未成，夫人却走了，直叫人"闲坐悲君亦自悲"啊！

三、昼阴阴

元和六年（811年）春，薛涛在成都读到了元稹的《遣悲怀三首》和《离思五首》，读得泪水涟涟，年逾不惑的她认定元稹是一个痴心的男儿。

于是她便将浣花溪的经营暂交红字娘打理，决意马上起程，去江陵寻她的元九郎。

江陵距离成都两千里路。先是坐马车到嘉州，然后从嘉州坐船到夔州，再从夔州到江陵。

抵达夔州时，已是农历九月九日重阳节了，时天降大雨，住进驿馆的薛涛，仰望墨云白雨中的三峡群峰，想起了巫山神女的传说，又想到自己再与元九郎相会的期许，便写下了《九日遇雨二首》：

> 万里惊飙朔气深，江城萧索昼阴阴。
> 谁怜不得登山去，可惜寒芳色似金。
>
> 茱萸秋节佳期阻，金菊寒花满院香。
> 神女欲来知有意，先令云雨暗池塘。

两首诗写得秋风狂吹，秋寒阵阵。这也许是不顺之兆。

薛涛却没有意识到，她只是想尽早见到元稹。一想到这个不幸的人儿，自己如同做了观音菩萨，度了别人的苦难，反而将自己的愁苦忘记了。

本来在夔州，正赶上九月九日登高节，薛涛拟入乡随俗，登高远望，以怀亲人。无奈因雨不得登山，可是又有谁人怜薛涛呢？薛涛想到自己的孤身寂寞，不禁感到寒意。

又加上黑云暗天，白昼如夜，衣裳也湿润得快要出水了，真叫人郁闷。幸喜得驿馆庭院的九月金菊开得灿烂热闹，还给人几分安慰，不然的话，薛涛真得要闷死了。

江雨太狂，江风太大，江浪太高，不晓得船家何时再开船去江陵，薛涛不得不在此地停留，也不晓得要停留多久。

船家说少则两天，多则五天。

江陵啊，什么时候能到达，薛涛心里没有底数。

元稹终究耐不住寂寞。

为了聊补情感空虚，他在任江陵士曹参军时，还常召唤"江陵名妓"杨琼。不过他究竟无人照顾，经常粗茶淡饭，不是"面梨通蒂朽，火米带芒炊"，就是"苇笋针筒束，鲻鱼箭羽鬐"地过着日子。

于是在好友兼同僚李景俭的撮合下，元稹纳了江陵女子安仙嫔为妾，生活总算有了人照料。

年龄与文化都相差悬殊，江陵小女子安仙嫔与元稹，两人之间很少有闺房燕昵之情意，倒是安仙嫔心甘情愿地操持着家庭米盐之琐事，把元稹父子伺候得无微不至。

"咦，这石枕怎的生出香味？"

"哦，元大人，是小妾为你采集的薰衣草放在石枕里的。老家人说，此草有助安眠。"

"老是跟你说，不要叫我大人大人的，都是一家人了。"

"是，大人……"

面对小妾的回答，元稹摇摇头，没有办法地退进了书屋。

他万万没有想到，此番举动，欣喜了一位女子的同时，却伤了另一位女子的心。

当江陵小女子安仙嫔正在欢天喜地之时，成都的薛涛正在水陆兼程地赶往江陵荆州。

四、多少柳

在武元衡举办西亭与锦楼诗会时，薛涛就从刘禹锡的《江陵严司公见示与成都武相公唱和因命同作》诗中，得知严绶已做了荆南节度使，兼江陵尹。

薛涛此去江陵，其一希冀与元稹再续前缘，其二好与严绶相公再叙旧谊。

因为，薛涛与元稹的第一次相会，就是严绶一手促成的。

因此，薛涛四月从成都出发前，专门给江陵的严绶去了信函。

然而，严绶也算定薛涛将在夔州小停，便委付夔州刺史转交了回函。

薛涛读到信函，知晓了元稹的现状，即刻心火中烧，万般念头化成一堆灰烬。

江风乱吹，心扉乱撞。不知是生气，还是怨恨，亦为自艾。她索笔写下了《谒巫山庙》：

> 乱猿啼处访高唐，路入烟霞草木香。
> 山色未能忘宋玉，水声犹是哭襄王。
> 朝朝夜夜阳台下，为雨为云楚国亡。
> 惆怅庙前多少柳，春来空斗画眉长。

薛涛的心伤透了，柳絮乱飘，她再也没有理由踏上去江陵的路了。为什么迟到的人儿，总是自己？良缘无缘，她只能打道回成都府了。

篇十四

雪霜姿

竹，是唐朝诗人的精神象征和品性表现。

男人芜杂。元稹眼中的秋天苦竹；白居易晚年喜欢春
天柔竹。

女人纯粹。薛涛晚岁更喜爱雪霜之中的冬天劲竹。

一、纸上位

元和九年（814年）九月，朝廷任命严绶为山南东道节度使。三十六岁的元稹被任命为从事，司章奏。

严绶是元稹的故人，也是贵人。严绶先前欣赏元稹的才气，特意安排了西川益州才女薛涛去东川梓州会见才子元稹。

现在严绶领命讨伐淮西吴元济反叛，大宦官崔潭峻为江陵监军。

元稹在严绶的引荐与鼓吹下，又因他曾为长安京兆尹韦夏卿的女婿缘故，得到大宦官崔潭峻另眼相待。

元稹也相当懂事，在《奉和严司空重阳日同崔常侍崔郎及诸公登龙山落帽台佳宴》诗中，称颂崔潭峻为"贵重近臣光绮席"。

又投桃报李，在《游三寺回呈上府主严司空时因寻寺道出当阳县奉命覆视县因牵于游衍不暇详究故以诗自诮尔》诗里，以东晋名臣谢安来奉承严绶。

当然，也不忘自夸，在《过襄阳楼呈上府主严司空楼在江陵节度使宅北隅》诗里，元稹自喻为在当阳楼写过《登楼赋》的曹魏时的诗人王粲，将严绶比喻为南朝东晋文学大家庾亮。

江陵即今天荆州市，那里的长江宽阔，太阳耀射得明晃晃的。

一张纸又一张纸，文人上位纸一张。元稹急欲上位，就不舍昼夜地献诗献文。元和十年（815年），元稹三十七岁时又被诏命为通州司马。

在这期间，元稹患病了，害了一百天的病，可是他还在执着地写啊，写啊。

在通州时期，元稹写出了自己的乐府长诗《连昌宫词》，这是他的标志性长篇叙事诗，也是后来让他时来运转的诗篇。

宋代洪迈《容斋随笔》卷十五评价道：

> 元微之、白乐天，在唐元和、长庆间齐名。其赋咏开宝时事，《连昌宫词》《长恨歌》皆脍炙人口，使读之者情性荡摇，如身生其时，亲见其事，殆未易以优劣论也。然《长恨歌》不过述明皇追怆贵妃始末，无他激扬，不若《连昌宫词》有监戒规讽之意。

一张纸又一张纸——元和十一年（816年）冬，献诗文给大臣权德舆；

一张纸又一张纸——元和十二年（817年）年末，献诗文给大臣李逢吉；

一张纸又一张纸——元和十三年（818年）春，致书宰相裴度，要求任用；

一张纸又一张纸——写啊写啊，元稹的时运终于回转了。

元和十四年（819年）冬，贬谪十余年的元稹终于又入朝为膳部员外郎，这时他已经作诗千余首了，他的诗名已经享誉全唐了。在诗坛上，只有白居易才能与他比肩了，时称"元白"。

一张纸又一张纸——元和十五年（820年），四十二岁的元稹"面奉教约"，献诗二百首给宰相令狐楚，得到称赏。

……

一张纸又一张纸，文人上位纸一张。从江陵到通州，从通州返回长安。

大唐终于又改朝换代了，元和年号改为长庆年号，唐穆宗李恒登基替代了唐宪宗李纯。先前结下的因缘，就要发挥出效果了。穆宗皇帝还在做东宫太子时，就曾听妃嫔及左右侍从诵咏以元稹歌诗谱成的乐曲，晓知是元稹所作，曾为之点赞。宫中呼为"元才子"。

元和十五年（820年），大宦官崔潭峻归朝，携带元稹的《连昌宫词》等百余篇奏御，唐穆宗大悦，问："元稹安在？"对曰："今为南宫散郎。"

唐穆宗下旨了，元稹即日转祠部郎中，知制诰，赐绯鱼袋，负责拟定朝廷制度告示。

起初，还有人认为，朝廷以书命不由相府，甚鄙之。然而，元稹所写的辞诰一公布天下，文风复然，遂盛传于代，由是极承恩顾。

元稹又作《长庆宫辞》数十百篇，京师竞相传唱；

元稹再献上《郊天日五色祥云赋》。

唐穆宗长庆元年（821年）二月十六日，长安城桃花盛开。四十三岁的元稹终于迁中书舍人、翰林学士，赐紫金鱼袋。真可谓"一日之中，三加新命"。

此时，元稹与李德裕、李绅同为翰林学士，时称"三俊"。

元微之彻底咸鱼翻身了，赐绯鱼袋的荣誉，让元稹新晋成为长安城最耀眼的政治明星，瞧，他的油瓮子这盘是装得满钵钵的。

白居易听闻后，以手抚额，欢呼雀跃。

薛涛在西蜀成都遥贺，元九郎这盘运气来了，这可是天下文人所梦想的最高社会身份。

二、隔烟水

薛涛不时收到白居易、刘禹锡、元稹三个男人之间的唱和诗。有时好哭，有时好笑。

元和五年（810年），刘禹锡在朗州司马任上，时元稹被贬为江陵士曹参军，二人开始诗歌唱和。刘禹锡先赠元稹一只文石枕头，并附《赠元九侍御文石枕以诗奖之》诗。而后收到元稹回赠的壁州鞭，即寄答《酬元九侍御赠壁州鞭长句》：

> 碧玉孤根生在林，美人相赠比双金。
> 初开郢客缄封后，想见巴山冰雪深。
> 多节本怀端直性，露青犹有岁寒心。
> 何时策马同归去，关树扶疏敲镫吟。

从江陵归长安，须经过武关。朋友还在巴山冰雪深寒之中，自己又在遭贬之任上，就在设想以鞭敲击马镫的好事了，这刘梦得乐观自得，让人想哭啊。

元和十二年（817年）八月二十日夜，白居易在江州司马任上，有《梦微之》：

> 晨起临风一惆怅，通川溢水断相闻。

不知忆我因何事，昨夜三回梦见君。

现今，"一日之中，三加新命"。元九郎终于苦尽甘来，薛涛心想这男人已经得到报应，而且遭受的冤屈、苦难、病痛也够多了……

此时的薛涛已五十二岁了，她的《锦江集》已经编成。

诗集要作序，薛涛首先想到元稹，算是她对他的原谅。

元和十年（815年），四十四岁的白居易在贬居浔阳江头时，写下著名诗论《与元九书》：

> 唐兴二百年，其间诗人不可胜数。所可举者，陈子昂有《感遇诗》二十首，鲍防有《感兴诗》十五篇。又诗之豪者，世称李、杜。李之作，才矣奇矣，人不逮矣。索其风雅比兴，十无一焉。杜诗最多，可传者千余首。至于贯穿古今，觇缕格律，尽工尽善，又过于李焉。

白居易说的是：大唐已经兴盛两百年了，其间的诗人不可胜数。所可举者，陈子昂有《感遇诗》二十首，鲍防有《感兴诗》十五篇。值得一提的，世有奇才并称为"李杜"。李白的作品，才华出群，不同凡响，普通人没办法与之相比！但是，探索其中的六义，合乎风雅比兴的，在十首之中连一首也不具备。杜甫的作品最多，可以流传下来的有一千多首。至于贯通古今，格律运用纯熟，做到了尽善尽美，又超过了李白。

元稹是有唐以来，第一个崇尚杜甫的诗人。

元稹在做江陵士曹参军时，诗人杜甫的孙子杜嗣业迁杜甫之枢归葬河南，请元稹撰写墓志铭。

元和八年（813年），三十五岁的元稹写下著名诗论《唐故工部员外郎杜君墓系铭》，元稹开篇就指出：

> 余读诗至杜子美，而知小大之有所总萃焉。

说自己阅读历代诗歌读至杜甫，才晓得杜甫是集前代优秀诗歌文化的大成者。

> 唐兴，官学大振，历世之文，能者互出，而又沈、宋之流，研练精切，稳顺声势，谓之为律诗。由是而后，文变之体极焉。然而莫不好古者遗近，务华者去实，效齐、梁则不逮于魏、晋，工乐府则力屈于五言，律切则骨格不存，闲暇则纤秾莫备。至于子美，盖所谓上薄风骚，下该沈、宋，言夺苏、李，气吞曹、刘，掩颜、谢之孤高，杂徐、庾之流丽，尽得古今之体势，而兼昔人之所独专矣。使仲尼考锻其旨要，尚不知贵其多乎哉！苟以为能所不能，无可无不可，则诗人以来，未有如子美者。

元稹在回顾了有唐以来的诗史后，认为杜甫兼具古今诗歌各种体式风格。倘若让孔夫子来考究杜诗的主要意蕴，还不晓得他老人家将会是怎样的推崇。

> 时山东人李白，亦以奇文取称，时人谓之"李杜"。予观其壮浪纵恣，摆去拘束，模写物象，及乐府歌诗，诚亦差肩于子美矣。至若铺陈终始，排比声韵，大或千言，次犹数百，词气豪迈，而风调清深，属对律切，而脱弃凡近，则李尚不能历其藩翰，况堂奥乎？

元稹还将李白与杜甫做了一番比较，认为李白那些雄放恣肆、不受拘束的写景状物的诗，以及他的乐府诗歌，的确不如杜甫。如果说李白的长篇排律，尚能做到词气豪迈，但是在风调清深，对句切合声律，而摒弃浅近凡俗方面，则是李白抵达不到的界域，更何况谈论什么升堂入室哟？

元稹打破了盛唐以来扬李抑杜的陈见，成为第一位肯定杜甫诗圣地位的诗评者。

薛涛也在成都读到过唐丹阳进士殷璠编选的《河岳英灵集》。《河岳英灵集》诗二百三十四首，分上下卷，收录了常建、李白、王维等人的诗，却没有杜甫的诗。这是因为殷氏选诗要求"气象高华"。

薛涛亦读到了元结的《箧中集》，这部专选民间边缘、诗坛边缘的，有想法有倡导的诗选，也没有收录杜甫的诗歌。这是因为杜甫是有官衔的。

　　薛涛还读了高仲武编选的《中兴间气集》。《中兴间气集》选录至德初年（756年）到代宗大历末年（779年）二十多年间二十六位作家的作品，共计诗一百三十多首，在这里面亦不见杜甫的踪影。这是因为高氏的编选标准为"体状风雅，理致清新"，由于杜甫的诗风"沉郁顿挫"，没有"中兴"气象，所以没有入选。这让薛涛暗暗为老杜鸣不平。

　　读了元稹与白居易称赞杜甫的诗论后，本来就喜欢杜诗的薛涛，更加自觉地学习杜诗了。

　　长安宫中都将元稹呼为"元才子"。《锦江集》由大名鼎鼎的元才子作序，那诗集的价值就不一样了，就非同寻常了。想到这里，薛涛暗自得意。

　　元稹接到薛涛求序的鱼雁后，一时沉醉在东川的种种时光中，嘴角浮起笑意。于是决意以诗为序。取来笺纸，提笔濡墨，一首律诗浑然天成地映在脑海，乘风翻卷，音韵呦呦，翩翩而下。

　　《寄赠薛涛》：

> 锦江滑腻峨眉秀，幻出文君与薛涛。
> 言语巧偷鹦鹉舌，文章分得凤凰毛。
> 纷纷辞客多停笔，个个公卿欲梦刀。
> 别后相思隔烟水，菖蒲花发五云高。

　　成都的锦江啊，濯洗出来的丝绸锦缎的色泽就是不一样，西川的大小峨眉山，山形宛如相对的眉目。如此的山水化育出了美貌才艺与西汉卓文君一样的当朝奇女子薛涛。她口才玲珑巧比鹦鹉，她文采美奂如同凤凰彩羽。在她面前那些辞客不敢再卖弄笔墨了，在她面前那些公卿都感觉自己没有发达。

　　元稹于东川之别后，时常相思而烟水茫茫，梦里那成都五月初夏的菖蒲花馨香洁白绽开在五彩云朵之上。

　　元稹的《寄赠薛涛》，以诗论诗，作为薛涛《锦江集》的诗序。

三、时而著

元稹与白居易既同是功利主义诗歌理论的提出者，又是践行人，目的在政治而不在文学。

长庆元年（821年），元稹时为中书舍人、翰林承旨学士，他在《进诗状》文中言：

> 凡所为文，多因感激。故自古风诗至古今乐府，稍存寄兴，颇近讴谣。虽无作者之风，粗中道人之采；自律诗百韵至于两韵七言，或因朋友戏投，或以悲欢自遣，既无六义，皆出一时，词旨繁芜，倍增惭恐。

元稹提出诗文应有感而发，可以打破传统。

白居易在江州司马任上，谪居卧病浔阳城时，也忽然悟出了诗歌与政治的道理。他在《与元九书》里写道：

> 自登朝来，年齿渐长，阅事渐多，每与人言，多询时务，每读书史，多求理道。始知文章合为时而著，歌诗合为事而作。

理想是美好的，现实却是骨感的。元稹与白居易的功利主义诗歌理论历时十二年后便夭折了。他俩的诗歌风格也从尚实、尚俗、务尽的创作倾向转向写身边琐事。元稹与白居易在抛弃了先前的讽喻与寄兴的立场后，皆沉浸在自己高官厚禄酒色逸乐的闲适情趣之中，奉行并名曰"独善""中隐"。因此，后人在评价二人的诗风时说"元轻白俗"。

　　西蜀的女诗人薛涛似乎比这两个男人更聪明，她的上节帅诗，就有明确的功利性。更高明的是，薛涛的上节帅诗，在曲意迎合之时，还呈上了自己的政治见解，让历任与她有诗歌唱和的剑南西川节度使不敢轻视。

四、劲节奇

竹，中空有节，在霜雪中亦保持常绿直立的状态，因此象征着君子高洁的人格和坚贞的节操。

薛涛虽出身教坊，身为乐妓，却不以色事人，而以诗受知。

竹作为君子的象征这一说法，是在晋代被提出的——《晋书·嵇康传》：

> 所与神交者惟陈留阮籍、河内山涛，豫其流者河内向秀、沛国刘伶、籍兄子咸、琅琊王戎，遂为竹林之游，世所谓"竹林七贤"也。

嵇康日常修养弹琴咏竹，自足以怀。嵇康性情天姿自然，宽简大量。薛涛实在仰慕得很，何况弹琴咏竹，亦为薛涛修养。

《晋书·王徽之传》：

> 时吴中一士大夫家有好竹，欲观之，便出坐舆造竹下，讽啸良久。主人洒扫请坐，徽之不顾。将出，主人乃闭门，徽之便以此赏之，尽欢而去。尝寄居空宅中，便令种竹。或问其故，徽之但啸竹，指竹曰："何可一日无此君邪！"

薛涛一向喜欢王羲之的书法，也晓得其子王徽之爱竹，深浸晋贤之风。

元稹也有吟竹诗。元和五年（810年），他被贬为江陵士曹参军，在从长安赴江陵途中，在邮驿站里看见竹子有所感怀，写下《邮竹》：

> 庭有萧萧竹，门有阗阗骑。嚣静本殊途，因依偶同寄。
> 亭亭乍干云，嫋嫋亦垂地。人有异我心，我无异人意。

元稹此时觉得世道不公，人心不古，竹子亦无气力劲节。

元稹到达江陵时，曾栽下竹子，与白居易唱和竹子——《种竹》并序：

> 昔乐天赠予诗云："无波古井水，有节秋竹竿。"予秋来种竹厅下，因而有怀，聊书十韵。

> 昔公怜我直，比之秋竹竿。秋来苦相忆，种竹厅前看。
> 失地颜色改，伤根枝叶残。清风犹渐渐，高节空团团。
> 鸣蝉眈暮景，跳蛙集幽栏。尘土复昼夜，梢云良独难。
> 丹丘信云远，安得临仙坛。瘴江冬草绿，何人惊岁寒？
> 可怜亭亭干，一一青琅玕。孤凤竟不至，坐伤时节阑。

将竹写得凄风苦雨的，悲悲伤伤的，让人读了心紧。

元和九年（814年），元稹的苦日子依旧没有过完，人虽离开了江陵，到了潭州，但官还是江陵上曹参军。此时他写下了《斑竹》：

> 一枝斑竹渡湘沅，万里行人感别魂。
> 知是娥皇庙前物，远随风雨送啼痕。

薛涛读了此诗后，笑了笑，这个元微之太脆弱了，他所描述的风雨里的泣哭啼痕，她早就在松州尝过了。

元稹在江陵十年后，终于时来运转了，慢慢地发迹了。那江陵竹子也长得茂密了，元稹此后却再无咏竹诗了。

元稹的友人白居易也喜竹，有咏竹诗篇292首，他从20多岁到70多岁一直持续不断地吟咏竹子。

年轻时，白居易写下了《养竹记》，对于"竹性直""竹心空""竹节贞"歌赞不已。年暮时，白居易已崇尚隐逸与闲适了，在洛阳履道里白邸的竹子多为池畔竹和窗前竹了。

白居易《池上竹下作》：

穿篱绕舍碧逶迤，十亩闲居半是池。
食饱窗间新睡后，脚轻林下独行时。
水能性淡为吾友，竹解心虚即我师。
何必悠悠人世上，劳心费目觅亲知？

白居易《北窗竹石》：

一片瑟瑟石，数竿青青竹。向我如有情，依然看不足。
况临北窗下，复近西塘曲。筠风散余清，苔雨含微绿。
有妻亦衰老，无子方茕独。莫掩夜窗扉，共渠相伴宿。

中隐的白居易在晚年有官有钱有闲，竹子在他眼里便是清静闲适的象征了。

薛涛晚年虽无官，却亦有钱有闲，可是竹子在她的眼里依然为隐逸坚贞的品格与象征。

薛涛《酬人雨后玩竹》：

南天春雨后，那鉴雪霜姿。众类亦云茂，虚心宁自持。
多留晋贤醉，早伴舜妃悲。晚岁君能赏，苍苍劲节奇。

竹，是唐朝诗人的精神象征、品性表现。

男人芜杂。元稹眼中的秋天苦竹；白居易晚年尤喜春天柔竹。

女人纯粹。薛涛晚年更喜爱雪霜之中的冬天劲竹。

元稹在越州，白居易在杭州，当这两个老年男人读到这首《酬人雨后玩竹》时，都感到了自己世俗的"小"，愈发敬佩西蜀女诗人薛涛了。

篇
十
五

锦衣归

秋雁临空，由北向南，雁阵初为斜斜的"一"字，到
了武担山当空，竟然变阵为"人"字。

人们引颈仰望，一阵欢呼。

段文昌心里明白，今天的特邀嘉宾薛涛女史不会出席
了，不免有些怅然若失。雁南飞，思绪长。

一、莫问程

段文昌就要返回成都了。

整座成都城都在传闻，真是衣锦还乡啊，薛涛为自己的挚友高兴得容光焕发。

朝廷因为段文昌曾在西蜀为幕僚，熟悉蜀中形势的缘故，而授予其剑南西川节度使，同中书门下平章事，称为"使相"，即为宰相衔任西川节度使，即日走马上任。

屈指算来，段文昌离开成都一晃就是十三年了，他是元和三年（808年）离开的，现今已是唐穆宗长庆元年（821年）了。

薛涛自己五十有二了，段文昌比她小三岁，四十九了，男人算虚岁，正好五十了，知天命了。段文昌真是有做宰相的天命啊！

当年段文昌是在两个老臣李吉甫和裴垍的推举下，进入长安的。最先被授予正九品下登州县尉的官衔，入朝为集贤校理。接着不久就官拜监察御史，迁左补阙。在李吉甫做宰相时，段文昌改为祠部员外郎。

唐宪宗元和十一年（816年），段文昌四十四岁时，又在裴垍的举荐下，入了翰林院与张仲素同为翰林学士。这可是文士的最高梦想。

后来李逢吉做了宰相，段文昌以翰林学士身份，转任祠部郎中，赐绯鱼袋。

好友、著名诗人杨巨源作诗《张郎中段员外初直翰林报寄长句》恭贺：

秋空如练瑞云明，天上人间莫问程。

丹凤词头供二妙，金銮殿角直三清。

方瞻北极临星月，犹向南班滞姓名。

启沃朝朝深禁里，香炉烟外是公卿。

杨巨源，字景山，后改名巨济。河中治所（今山西永济）人。贞元五年（789年）进士。初为张弘靖从事，由秘书郎擢太常博士，迁虞部员外郎。出为凤翔少尹，复召授国子司业。长庆四年（824年），辞官退休，执政请以为河中少尹，食其禄终身。

运去金成铁，时来铁似金。时运是挡不住的。元和十五年（820年）闰正月初八，这是段文昌要庆贺一生的日子：唐穆宗将他从翰林学士直接擢升为宰相，即中书侍郎，同平章事，赐紫金鱼袋。

真个是做到了"朝为田舍郎，暮登天子堂。"

这一年段文昌四十八岁。

在成都的薛涛也听闻到这一喜事，她对着嫦娥镜盯了半晌，觉得人世间的事很梦幻。

段文昌得富贵后，精于豪华享受。

他后来在做荆南节度使时，在中书厅里用锦绣做地毯，来客竟不忍踩踏，多让撤去。每每在文昌导引下，客人们方践履而行。

同列中有人相劝不要如此奢华，段文昌回应道："我不是不知晓，如此做太奢华了。可是我常恨少年时太贫穷了，这样做是聊以自慰尔。"

段文昌少年时即为孤儿，曾在广陵瓜洲寓居，家贫而学习努力。夏月一天访亲于城中，不遇，却饥肠辘辘，饿得头昏眼花。于路中拾得一小钱，便于道路旁边买瓜一个，藏在衣袖中。走到一大宅前，见大门大开，没有人看守，便径直走进宅里的马厩中，取出瓜来在马槽边磕破，送到嘴边吃起来。

有老仆听到击槽声，寻声跃出，指责段文昌擅入马厩。

段文昌惊惧，丢了瓜，便跑了出来。

后来，常向客人提起这件窘事。

段文昌得富贵后，还用金莲花盆盛水洗足。面对别人规劝时，段文昌说："人生几何，要酬平生不足。"

段文昌在江陵读书时，常恐食不果腹。每每听到曾口寺斋钟敲响时，便前往谒食。次数多了为寺僧所烦，就捉弄段文昌，先施斋食，后敲钟，让段文昌落空而不得食。

如此的饥饿记忆，让段文昌富贵后，非常在意烹饪馔事，在相府设"炼珍堂"，在路途上号"行珍馆"。

府中有老婢，擅长馔事，掌修裔之法，指授女仆。老婢名膳祖，四十年阅百婢，独九者可嗣法。

段文昌自编有食经五十卷，时称《邹平公食宪章》，闻名长安。

想当年，段文昌离蜀去长安奔功名时，途经兴元一山寺院，有老僧指着庭前一株老梅树道："君去日既逢梅脸绽，来时应见杏花开。"

到了长安城后，一方面借泰山武元衡之力，另一方面靠自己的努力，段文昌屡迁爵秩，最后做了宰相位的中书侍郎，同平章事，赐紫金鱼袋。

今日已距当年十三个春秋，段文昌领剑南西川节度使之衔进入蜀道，又过兴元寺时，目睹庭中杏花方盛开，询问得知当年那位老僧已经驾鹤西去了。

段文昌心中追思，相当戚怆，为之设斋而去。

长庆元年（821年）二月，春风不寒，一队自长安城而来的官家马车快要抵达成都城时，段文昌叫车队在成都北门驷马桥头停了下来。

流水淙淙，春柳帘动，唐朝的段文昌感受到了西汉司马相如当年路过此桥时的心情，如今自己也驷马高车经过此桥，可谓锦衣还乡了。

时有蜀中绅士赠诗曰：

昔日骑驴学忍饥，今朝忽著锦衣归。
等闲画虎驱红旆，可畏登龙入紫微。
富贵不由翁祖解，文章生得羽毛飞。
广都再去应惆怅，犹有江边旧钓矶。

面对蜀绅的称颂，段文昌嘴角挂着微笑，其实他心里最想见着故人，以叙旧年情谊。衣锦还乡的段文昌，竟在独自一人的时候，常常回忆起当年自己做剑南西川节度署校书时的光景，同幕的薛涛当年是那么的青春鲜亮。

薛涛，真是个奇女子。段文昌又想起了她《赋凌云寺》诗中句：

有时锁得嫦娥镜，镂出瑶台五色霞。

段文昌又将此句咀嚼了几遍，好似懂得了，却又似离得更远了。

他无法解读这诗谜：是谁将她的嫦娥镜锁住了？又怎样地镂出瑶台五色霞？五色霞又是如何映照天空的？

二、蝉韵促

《旧唐书·卷一百六十七》记述：

> 长庆元年，拜章请退。朝廷以文昌少在西蜀，诏授西川节度使、同
> 中书门下平章事。文昌素洽蜀人之情，至是以宽政为治，严静有断，蛮
> 夷畏服。

段文昌因曾长期在蜀为官，特别留心政治与军事，对于蜀中形势，了若指
掌。治蜀有方，于内宽政，于外有断，因此蜀民敬佩，蛮夷畏服，声名赫赫。

唐穆宗长庆二年（822年），南诏入侵云南，黔中观察使崔元略上书报告，
朝廷担忧，特别下诏段文昌注意成都的防备。

段文昌召集群僚商议，又经过深思熟虑后，特遣使者向南诏国讲明形势，说
明道理，最后居然不战而屈人之兵，让蛮寇即退。

此事被西蜀与长安传为佳话，认为段文昌唱的是唐代空城计，有诸葛亮的风
度。

段文昌心情愉快，特地在成都张仪楼举行宴会，以答谢群臣。

宴会上，段文昌即席赋诗《晚夏登张仪楼呈院中诸公》：

重楼窗户开，四望敛烟埃。远岫林端出，清波城下回。

乍疑蝉韵促，稍觉雪风来。并起乡关思，销忧在酒杯。

幕僚姚向唱和《奉陪段相公晚夏登张仪楼》：

秦相驾群材，登临契上台。查从银汉落，江自雪山来。

俪曲亲流火，凌风洽小杯。帝乡如在目，欲下尽裴回。

幕僚温会唱和《奉陪段相公晚夏登张仪楼》：

危轩重叠开，访古上裴回。有舌嗟秦策，飞梁驾楚材。

云霄随凤到，物象为诗来。欲和关山意，巴歌调更哀。

幕僚李敬伯唱和《奉陪段相公晚夏登张仪楼》：

层屋架城隈，宾筵此日开。文锋摧八阵，星分应三台。

望雪烦襟释，当欢远思来。披云霄汉近，暂觉出尘埃。

幕僚姚康唱和《奉陪段相公晚夏登张仪楼》：

登览值晴开，诗从野思来。蜀川新草木，秦日旧楼台。

池景摇中座，山光接上台。近秋宜晚景，极目断浮埃。

　　面对幕僚们在宴席上的唱和，段文昌计划举办西蜀诗会，以重现自己岳父武元衡当年西亭与锦楼诗会的辉煌。

三、武担寺

段文昌选定武担寺作为秋天诗会的地点，自有他的道理。

武担寺在武担山下。武担山，虽说叫山，实际就是一个土阜。

武担山之所以有名，是因为武担山有故事。

武担山的故事，应从蜀王开明二世卢保的父亲鳖灵开始讲起。

《水经注·江水》《太平广记》《蜀王本纪》都记载：荆人鳖灵死，逆水而上，至汶山下复生，起见望帝。当时因巫山峡阻塞，蜀地洪水成灾，望帝立鳖灵为相。鳖灵乃凿通巫山，开三峡口，解决了蜀地洪涝。望帝自以为德不如鳖灵，就将蜀国禅让出来。可是，望帝后来生悔了，欲复位不得，死后化为鹃。每春月间，昼夜悲鸣。蜀人闻之，曰：我帝魂也。

《蜀王本纪》：

> 鳖灵即位，号曰开明帝。帝生卢保，亦号开明。

卢保继承了王位后，称开明二世，娶武都美女为蜀王妃。

宫内宫外，上到王公贵族，下至庶民百姓，都晓得这位让蜀王痴迷的王妃本为陇西武都山的山精，其身形开始是玉面男子，后来又幻变成窈窕女子，容颜美绝，百媚千娇。

数年后，蜀王妃病了，不能进食，奄奄一息，香魂欲散……

急得蜀王开明二世卢保直搓双手，团团转步，心脏跳得咚咚咚的。

秋风将细细纱帐一幔一幔地撩起，又放下。宫女们束手呆立。

这样的情景持续了三十天，一切皆为天定，不晓得这是蜀王的命，还是王妃的命。

该做的都做了，不该做的，蜀王也硬是命令去做！

蜀王开明二世卢保喜欢音乐，并深谙音律。他专为王妃谱了一曲《东平之歌》。

在王妃病重期间，看着自己心爱的人儿可怜的样子，便命乐工奏起自己新谱的曲子，又命宫中乐女风吟。

希冀在丝竹金声、玉律惊秋之中，王妃的痛苦有所缓解。

然而，蜀王妃终因水土不服，命绝。这是王宫医官们会诊出的最终结论。

听闻爱妃死讯，蜀王开明二世卢保顿时昏厥，宫女们慌忙扶起。蜀王开明二世卢保伤心不已，又作《臾邪歌》《龙归之曲》来悼念爱妃。

为了告慰蜀王妃，他竟然想出一个法子：将蜀王妃安葬在她家乡的泥土里。

于是，下令由蜀国的壮士五丁兄弟承头，即刻组织人力物力，从王妃的家乡，路途遥远且艰难险阻的陇西武都，运土到成都来，在平地上垒起一座封土墓冢，以安葬蜀王妃。

这简直是一道疯狂的命令！一个浩大的运输工程，需要举国之力。但是蜀王开明二世卢保就是如此任性。在这之前，为了迎回秦国厕金子的石牛，他就曾命令五丁兄弟开凿了秦岭丛山中的金牛道。

蜀王妃的香冢封土后，又按蜀地崇拜习俗，在墓前立一块光亮无比的圆形巨石，名曰"石镜"。宋人罗泌《路史》载："镜周三丈五尺。"《太平寰宇记》亦记述云："镜厚五寸，径五尺，莹彻，号曰石镜。"

东晋常璩《华阳国志·蜀志》：

> 武都有一丈夫，化为女子，美而艳，盖山精也。蜀王纳为妃。因不习水土，欲去……蜀王哀之，乃遣五丁之武都担土，为妃作冢。盖地数

亩，高七丈，上有石镜。今成都北角武担（山）是也。

蜀王开明二世卢保，后因怀念蜀妃还曾修建了望妃楼。真个无言独上西楼，他在暗夜里默默地凝望着爱妃的香冢，心里响起缕缕哀歌……

关于武担山石镜的故事，薛涛自然是晓知的。

段文昌将剑南西川的秋季诗会，选定在武担寺，是有一种隐约的意味，亦为成都秋日登高的风俗。

一切筹办停当后，段文昌派人向薛涛送上请柬。

此时的薛涛已年过五旬了，住在成都北门的碧鸡坊枇杷巷，过着一种宁静的、锦城半隐居的生活。

四、登临意

武担山，为马鞍形，两端高，中间低。

武担寺西台，为武担山西端一处平敞。

成都高秋，摩诃池渊澄取映。楼阁参差，屋脊青瓦层层叠叠，若巨鱼浮潜。城阙森然，秋菊金灿，高树叶黄，竹林依旧青翠，只是显得苍劲。

武担寺西台上，特别置有郫筒酒、青城乳酒、汉州鹅黄酒、临邛酒、剑南烧春、锦江春等数种美酒，又有瓜果肉脯，还有峨眉山茶、蒙顶山茶、青城山茶等数种名茶。

如此摆设尽显作为美食家的剑南西川节度使段文昌的讲究与奢华。一张硕大的书案上，置有笔墨纸砚，皆蜀中珍品，尤其是十色彩笺，分外醒目，为薛涛特别制作与馈赠。

出席武担山诗会的幕僚嘉宾，衣冠楚楚，仪表堂堂。

秋雁临空，由北向南，雁阵初为斜斜的"一"字，到了武担山当空，竟然变阵为"人"字。

人们引颈仰望，一阵欢呼。

段文昌心里明白，今天的特邀嘉宾女史薛涛不会出席了，不免有些怅然若失。雁南飞，思绪长。

段文昌提笔，濡墨，行书《题武担寺西台》：

秋天如镜空，楼阁尽玲珑。

水暗馀霞外，山明落照中。

鸟行看渐远，松韵听难穷。

今日登临意，多欢语笑同。

诗成，有人吟哦了一遍，得到众人呼赞："段帅好诗，段帅好诗！"

段文昌笑而不语，表情相当受用。

接着又有姚向唱和诗成《和段相公登武担寺西台》：

开阁锦城中，馀闲访梵宫。

九层连昼景，万象写秋空。

天半将身到，江长与海通。

提携出尘土，曾是穆清风。

再有温会诗成《和段相公登武担寺西台》：

桑台烟树中，台榭造云空。

眺听逢秋兴，篇辞变国风。

坐愁高鸟起，笑指远人同。

始愧才情薄，跻攀继韵穷。

斜晖脉脉，秋风起，诗会还在继续。

李敬伯也和了一首《和段相公登武担寺西台》：

台上起凉风，乘闲览岁功。

自随台席贵，尽许羽觞同。

楼殿斜晖照，江山极望通。

赋诗思共乐，俱得咏诗丰。

最后是姚康唱和《和段相公登武担寺西台》：

> 松径引清风，登台古寺中。
>
> 江平沙岸白，日下锦川红。
>
> 疏树山根净，深云鸟迹穷。
>
> 自惭陪末席，便与九霄通。

直到武担山下已是万家灯火了，武担山上的诗会才散。

段文昌让人将诗会的唱和誊写数份，亲自书写封面，装订成册，其中专门分送薛涛一册。

薛涛细读后，回赠诗一首《段相国游武担寺病不能从题寄》：

> 消瘦翻堪见令公，落花无那恨东风。
>
> 侬心犹道青春在，羞看飞蓬石镜中。

美人迟暮，不堪岁月；春风落花，无可奈何！

薛涛心虽怀青春，容貌却不堪入镜啊！

《诗经·卫风·伯兮》有句："自伯之东，首如飞蓬。岂无膏沐？谁适为容！"

"首如飞蓬"，形容头发未曾梳理，乱如荒草。

"羞看飞蓬石镜中"，段文昌回味此句，想着薛涛的窘相，不禁笑出声来。心想这女人心细啊，总是不肯将陋相示人的。

段文昌又从书箱底翻检出薛涛当年写的《赠段校书》，又读了一遍：

> 公子翩翩说校书，玉弓金勒紫绡裙。
>
> 玄成莫便骄名誉，文采风流定不如。

暗想，今日上西台，虽有登临意，却似锦衣夜行，心如镜空。

篇十六

有笛声

诗歌唱和，聆听音乐，书法赏画，品茗酌酒，观鱼种花，全是人间雅事乐事。

一、蜀地乐

唐代蜀地音乐繁盛，官家民间皆为风尚。

唐德宗贞元年间，韦皋为剑南西川节度川主时期，西川从事裴说善操鼓琴，时称妙绝。

李肇《唐国史补》（卷下）：

> 蜀中雷氏斫琴，常自品第，第一者以玉徽，次者以瑟瑟徽，又次者以金徽，又次者螺蚌之徽。

唐文宗大和五年（831年），元稹任武昌军节度使时，曾遣幕府陈从事至蜀，求李德裕为其置办蜀琴一张，未及寄，七月元稹卒于节度使任上。李德裕有悼元稹诗二首寄刘禹锡。刘禹锡和诗云："如何赠琴日，已是绝弦时。无复双金报，空余挂剑悲！"

韦皋府上的家妓叶氏，为绝代女歌唱家。

诗人张祜有《听崔莒侍御叶家歌》：

> 宛罗重縠起歌筵，活凤生花动碧烟。
>
> 一声唱断无人和，触破秋云直上天。

蜀地器乐臻妙，又有歌唱名家叶氏，说明薛涛当时生活的成都音乐氛围浓厚。

韦皋镇西川时，曾向长安进奉《南诏奉圣乐》，兼与舞人曲谱同进。西蜀音乐深受南诏音乐影响。唐玄宗曾向南诏赠送宫中乐师，而影响南诏音乐。因此南诏音乐融合中原清乐、西域燕乐，及骠国（缅甸）佛教音乐。

成都的音乐一方面保留着传统的雅乐；一方面又接受胡乐影响，形成了俗乐；再一方面又受南诏、骠国佛教音乐影响；还有一方面又传承着蜀地的道家音乐。

如此，东都洛阳，西都长安，益州成都，时为中唐的三大音乐之都。

薛涛对于成都音乐的接触，最早开始于剑南西川节度使府乐营中。乐营正是培训乐人、传习音乐的地方培训机构，它属于唐代官妓的培训机构。

唐代官妓的主要服务对象是地方长官，在籍官妓隶属官府。

《唐摭言》卷三记述："杨汝士尚书镇东川，其子知温及第，汝士开家宴相贺，营妓咸集。汝士命人与红绫一匹，诗曰：'郎君得意及青春，蜀国将军又不贫。一曲高歌绫一匹，两头娘子谢夫人。'"

这里的"两头娘子"，指营妓。是说杨汝士因为自己的儿子进士及第，特召东川乐伎与宴侍奉歌舞以兹庆贺，并向营妓赠送红绫，以示奖赏。

唐代营妓是要接受歌、舞、令等才艺培训的。唐人狎妓，不甚计较年龄、相貌，而看重其谈谐、词句、音律，即轻色相，而重才艺。

孙棨《北里志》记述：

> 天水仙哥，字绛真，住于南曲中。善谈谑，能歌令。常为席纠，宽猛得所。其姿容亦常常，但蕴籍不恶，时贤雅尚之，因鼓其声价耳。

如：

> 郑举举者，居曲中，亦善令章。尝与绛真互为席纠，而充博非貌

者。但负流品，巧谈谐，亦为诸朝士所春。

还有：

> 颜令宾，居南曲中，举止风流，好尚甚雅，亦颇为时贤所厚。事笔
> 砚，有词句，见举人，尽礼祗奉，多乞歌诗，以为留赠，五彩笺常满箱
> 箧。后疾病且甚，值春暮，景色晴和，命侍女扶坐于砌前。顾落花而长
> 叹数四，因索笔题诗云："气余三五喘，花剩两三枝。话别一樽酒，相
> 邀无后期。"因教小童曰："为我持此出宣阳亲仁已来，逢见新第郎君
> 及举人，即呈之云：'曲中颜家娘子将来扶病奉候郎君。'"因令其家
> 设酒果以待。逡巡至者数人，遂张乐欢饮至暮，涕泗交下曰："我不久
> 矣，幸各制哀挽以送我。"

如此可见唐代乐妓本身文化素质较高。乐妓与诗人的关系，一是赏艺，二是
婚恋。

薛涛作为乐妓中出类拔萃者，她与诗人们的关系是赏艺与恋情，两者皆有经
历。不同的是，她后来文化修为深厚了，脱离乐籍后，其社会场域位置发生了翻
天覆地的变化：她成为与男诗人平等唱和的女诗人。对于音乐，她从被欣赏的对
象，变成了欣赏者。

二、歌舞会

在唐开元、天宝年间，雅乐衰退，胡乐成为长安城的社会时尚。元稹在《和李校书新题乐府十二首·法曲》诗里有准确而详细的记述：

> 吾闻黄帝鼓清角，弭伏熊罴舞玄鹤。
> 舜持干羽苗革心，尧用咸池凤巢阁。
> 大夏濩武皆象功，功多已讶玄功薄。
> 汉祖过沛亦有歌，秦王破阵非无作。
> 作之宗庙见艰难，作之军旅传糟粕。
> 明皇度曲多新态，宛转侵淫易沉著。
> 赤白桃李取花名，霓裳羽衣号天落。
> 雅弄虽云已变乱，夷音未得相参错。
> 自从胡骑起烟尘，毛毳腥膻满咸洛。
> 女为胡妇学胡妆，伎进胡音务胡乐。
> 火凤声沉多咽绝，春莺啭罢长萧索。
> 胡音胡骑与胡妆，五十年来竞纷泊。

而成都音乐虽说已经相当昌盛了，但也相当保守。然而，正是这样的保守，让成都保存了正宗的道家音乐。

薛涛有诗《试新服裁制初成三首》其三：

> 长裾本是上清仪，曾逐群仙把玉芝。
>
> 每到宫中歌舞会，折腰齐唱《步虚词》。

更有意思的是成都还有民间音乐的传唱，如"棹歌"。

薛涛《采莲舟》：

> 风前一叶压荷蕖，解报新秋又得鱼。
>
> 兔走乌驰人语静，满溪红袂棹歌初。

薛涛《乡思》：

> 峨眉山下水如油，怜我心同不系舟。
>
> 何日片帆离锦浦，棹声齐唱发中流。

还有"竹歌"——薛涛《题竹郎庙》：

> 竹郎庙前多古木，夕阳沉沉山更绿。
>
> 何处江村有笛声，声声尽是迎郎曲。

秋天一日，薛涛请到了成都大慈寺里的一位吹芦管的僧人，在碧鸡坊枇杷巷自家的园子里举行了一场小型的音乐会。会后，众宾散去，秋月朗照，花影花语，刚才的芦管声、金磬声的余音仿佛还在萦绕，金声玉振，回荡在秋天的夜空。

薛涛心情大好，写下了《听僧吹芦管》：

> 晓蝉鸣咽暮莺愁，言语殷勤十指头。
>
> 罢阅梵书聊一弄，散随金磬泥清秋。

三、成都画

唐朝绘画的灿烂，是划时代的。当时的许多诗人，对于绘画、音乐以至舞蹈都是很关心的。不少诗人，通过吟咏，或赞画，或颂琴，注入了他们的"无限神思"。诗人们对这个时代的一些画家和作品写下了精湛的评论，由看画引起了许多联想。

唐代诗人与画家的交往，一方面是文人士子的雅集风气，另一方面是文人士子精神文化生活的反映。唐诗与唐画体现了唐代文人士子的文化精神与人格追求。

自天宝十五年（756年），唐玄宗入蜀避乱始，直至前后蜀时期，长安及江南大批画家相继入蜀，成都遂成为唐朝书画中心。

流寓蜀中的丹青名家，可考者有卢楞伽（京兆）、韦偃（京兆）、王宰（本贯不详，家于蜀州）、赵公佑（长安）、范琼（本贯不详）、陈皓（本贯不详）、彭坚（本贯不详）、辛澄（本贯不详）、常粲（长安）、孙位（东越）、张询（南海）、贯休（婺州）、滕昌祐（苏州）等人。

唐代宗广德二年（764年），作为剑南西川府院前辈的杜甫，与画马名家曹霸在成都有一段交往，曾写文《韦讽录事宅观曹将军画马图》。

除曹霸外，在成都的杜甫还与青年画家王宰有交情。张彦远《历代名画记》卷十中记述王宰为蜀中人，"多画蜀山，玲珑嵌空，巉差巧峭"。杜甫有赠诗

《戏题王宰画山水图歌》。

杜甫和韦偃交谊也不浅，韦偃曾为杜甫补壁画马。

杜甫《题壁上韦偃画马歌》：

> 韦侯别我有所适，知我怜渠画无敌。
> 戏拈秃笔扫骅骝，欻见骐驎出东壁。
> 一匹龁草一匹嘶，坐看千里当霜蹄。
> 时危安得真致此，与人同生亦同死。

杜甫还曾向韦偃讨了一幅松树图，并作诗《戏韦偃为双松图歌》。

薛涛接触成都书画艺术，应在被韦皋、武元衡提名为校书，开始在剑南西川使府内从事校书工作后。

因为唐代使府是文人聚集的场所，文人们可以讨论书艺，可以切磋绘事。

在韦皋时期，成都沙门义全尤善绘事，西川幕僚多使其图画写真。符载时宁亲在蜀，为作《剑南西川幕府诸公写真赞》。

醉心书画的薛涛，写有《斛石山书事》：

> 王家山水画图中，意思都卢粉墨容。
> 今日忽登虚境望，步摇冠翠一千峰。

斛石山，又名学射山，即今成都北郊凤凰山。相传蜀后主刘禅幼时在此山学射，故名学射山。

"王家山水画"，即指称中唐时名画家王宰。王宰作为蜀中名画家，长期活跃于蜀中画坛，可以说与晚年的杜甫有直接的交际，又可以说与少年薛涛有间接的交际。

"都卢"，唐时俗语，犹言"不过""统统"。

"步摇"，古代妇女首饰。《释名·释首饰》："步摇，上有垂珠，步则摇动也。"

唐朝朱景玄《唐朝名画录》记述：

> 王宰居于西蜀，贞元中韦令公以客礼待之。画山水树石出于象外，故杜员外赠歌云："十日画一水，五日画一石。能事不受相促迫，王宰始肯留真迹。"景玄曾于故席夔舍人厅见图一障，临江双树，一松一柏。古藤萦绕，上盘于空，下着于水。千枝万叶，交植曲屈，分布不杂。或枯或茂，或蔓或亚，或直或倚。叶叠千重，枝分四面。达士所珍，凡目难辨。又于兴善寺见画四时屏风，若移造化风候云物，八节四时于一座之内，妙之至极也。故山水松石，并可跻于妙上品。

画家王宰于贞元中，即唐德宗贞元（785—805）年间，受到韦皋礼遇。

也就是说，在韦皋幕府中，薛涛在15岁至35岁期间可能见过画家王宰本人，看过王宰的山水画。而《斛石山书事》，诗风从容不迫，应是薛涛脱籍之后诗作。

换言之，诗人杜甫曾与青年的名画家王宰有过交际，而薛涛见过老年的王宰，并看过他的山水画，耳濡目染才有对王家山水如此深刻的印象。

薛涛七言诗《斛石山书事》"今日忽登虚境望"，将王宰山水画"出于象外"的特征，以一个极具性别意识的女性化意象准确地表达出来——"步摇冠翠一千峰"。

《斛石山书事》做到了诗与画皆愉目畅神，也表明了薛涛作为女诗人，有极高的欣赏绘画艺术的修养。

杜甫的歌行体《戏题王宰画山水图歌》：

> 十日画一水，五日画一石。
> 能事不受相促迫，王宰始肯留真迹。
> 壮哉昆仑方壶图，挂君高堂之素壁。
> 巴陵洞庭日本东，赤岸水与银河通，
> 中有云气随飞龙。

舟人渔子入浦溆，山木尽亚洪涛风。

尤工远势古莫比，咫尺应须论万里。

焉得并州快剪刀，剪取吴松半江水。

与诗人杜甫以男性视野对王宰的山水画的称赞相较，薛涛以女性目光对王宰的山水画的称赞在诗学上更具美感。

薛涛《酬雍秀才贻巴峡图》：

千叠云峰万顷湖，白波分去绕荆吴。

感君识我枕流意，重示瞿塘峡口图。

"枕流"，"枕石漱流"典出《三国志》："以山石为枕，以清流漱口。"又《世说新语·排调》："孙子荆（楚）年少时欲隐，语王武子（济）'当枕石漱流'，误曰'漱石枕流'。王曰：'流可枕，石可漱乎？'孙曰：'所以枕流，欲洗其耳；所以漱石，欲砺其齿。'"

唐骆宾王《上瑕丘韦明府启》："遂使漱流逸客，望骥足以云蒸。"

薛涛《酬雍秀才贻巴峡图》诗，充满了她对社会与人生的看法，画境与诗境交汇圆融，反映出薛涛的隐逸文化精神，因此这首诗应为薛涛暮年之作。巴峡之地，本为薛涛追求爱情的伤心之地，而暮年的薛涛，已经走出这一段心路历程，即走出了女人的爱情困境。而对隐逸文化的欣赏，让富贵后的薛涛有了新人格，正如王建《寄蜀中薛涛校书》的描述："万里桥边女校书，枇杷巷里闭门居。"

暮年退居洛阳的白居易、刘禹锡是代表为官的城市隐逸文化。暮年隐居成都的薛涛是代表为商的城市隐逸文化。

篇十七

群芳谱

　　女人种花，女人赏花，女人折花，女人赠花，女人吟花，女人惜花，女人疼花，女人恨花，女人葬花，女人若花，花为女人，女人为花。

一、木芙蓉

木芙蓉，又名芙蓉花、拒霜花、木莲、地芙蓉、华木，原产中国。其喜温暖、湿润环境，不耐寒，忌干旱，耐水湿。对土壤要求不高，瘠薄土地亦可生长。

薛涛《酬杜舍人》：

> 双鱼底事到侬家，
> 扑手新诗片片霞。
> 唱到白蘋洲畔曲，
> 芙蓉空老蜀江花。

薛涛《赠远二首》其一：

> 芙蓉新落蜀山秋，
> 锦字开缄到是愁。
> 闺阁不知戎马事，
> 月高还上望夫楼。

芙蓉，有水芙蓉与木芙蓉之分。水芙蓉就是通常所说的荷花；木芙蓉，便是今天成都市的市花芙蓉花了。

《诗经》里的荷花，"其华菡萏"，已有审美的趣味了。可《诗经》里却没有木芙蓉的影子。倒是与薛涛同代的博物学家段成式在《酉阳杂俎·支植上》里记载李德裕（卫公）庄园里有木芙蓉：

> 卫公庄上旧有同心蒂木芙蓉。

市郊花农说，木芙蓉贱，生命力旺。每年清明前后，折上三五寸枝条，插入泥土即活，不出两三年，就两三丈高了，蔚然成林。

唐代女诗人薛涛本为官府乐妓，在没有脱籍以前，没有人身自由，衣食依附于官署。脱籍后，木芙蓉树就成为她赖以谋生的经济植物，制作薛涛笺的主要生产原料，也是她自我救赎的文化植物生灵。

关于薛涛笺以木芙蓉作原料的记述，出自中国科技史上最重要的著作之一——明人宋应星的《天工开物》：

> 四川薛涛笺，亦芙蓉皮为料煮糜，入芙蓉花末汁，或当时薛涛所指，遂留名至今。其美在色，不在质料也。

这里的"芙蓉"特指成都的木芙蓉树，每年九月花开，其颜色一日九变，人称"醉芙蓉"。

造纸术，在一千年前还是高科技产品。从今天看中唐，那时的薛涛笺，应属于一千年前的高科技产品中衍生出来的绿色生态产品。

在薛涛工场作坊的石臼、石缸里，成都的木芙蓉真是物尽其用，纤维细长的树皮是造纸的基本原料，芙蓉花花汁又是制笺的天然染色汁。

彩笺一出，天下眼亮。薛涛笺，风靡天下，相当富丽，相当紧俏。

可以说是成都的木芙蓉树，为薛涛创造了农耕社会中的女性奇迹，薛涛于是有了女工商者的社会身份，成为中国诗歌史上唯一经济自立的女性诗人。

成都的木芙蓉树，薛涛的经济作物。

二、木槿花

木槿，又名蕣、朝华。《本草纲目》："此花朝开暮落，故名日及，曰槿、曰蕣。犹仅荣一瞬之义。"

薛涛有《和刘宾客玉蕣》诗：

> 琼枝的皪露珊珊，欲折如披云彩寒。
>
> 闲拂朱房何所似，缘山偏映日轮残。

在薛涛卒后，刘禹锡因官至太子宾客，被尊称为刘宾客。因此，此诗题是后人整理薛涛诗集时误改的。

木槿花花期短暂，花开花落迅急，可是薛涛笔下的木槿花却是光亮耀眼的，若铃声舒缓从容，白得其荣，何虑入阳落山。

不见刘禹锡有关木槿花的诗。

白居易有相关木槿花诗《放言五首》其五：

> 泰山不要欺毫末，颜子无心羡老彭。
>
> 松树千年终是朽，槿花一日自为荣。
>
> 何须恋世常忧死，亦莫嫌身漫厌生。

生去死来都是幻，幻人哀乐系何情。

与薛涛《和刘宾客玉蕣》诗意最为相同的是刘禹锡的《酬乐天咏老见示》：

人谁不顾老，老去有谁怜？
身瘦带频减，发稀冠自偏。
废书缘惜眼，多灸为随年。
经事还谙事，阅人如阅川。
细思皆幸矣，下此便翛然。
莫道桑榆晚，为霞尚满天。

世事无常，人生无常，泰然处之。薛涛、白居易和刘禹锡三人皆为中唐长寿者。三人晚年皆为经事还谙事，终是心态舒缓从容，自得其荣。

夕阳晚照，为霞满天，玉蕣琼枝，闲拂朱房，只此青绿。

三、海棠花

西蜀海棠，甲于天下。兴于中唐，盛于晚唐五代。

李德裕于大和四年（830年）来成都，出任西川时，从东都洛阳平泉山庄带来小海棠树苗赠予薛涛，并附诗章（诗已失传）。薛涛植于碧鸡坊，作为自己诗意栖止的文化植物符号。

好雨知时节，随风潜入夜，成都土壤肥沃，极宜海棠繁殖。不过，在薛涛以前，成都既无海棠，更无咏海棠诗。晚唐的两位诗人薛能和郑谷，已同时注意到前后两次流寓成都的杜甫居然没有留下咏海棠的诗。

薛能《海棠》诗序云：

> 蜀海棠有闻，而诗无闻。杜子美于斯，兴象靡出，没而有怀，天之厚余，谨不敢让。风雅尽在蜀矣，吾其庶几。

郑谷《蜀中赏海棠》：

> 浓淡芳香满蜀乡，半随风雨断莺肠。
> 浣花溪上堪惆怅，子美无心为发扬。

并自注：杜工部居西蜀，诗集中无海棠之题。

对此宋朝苏轼亦有戏笔：

> 东坡居士文名久，何事无言及李宜。
>
> 恰似西川杜工部，海棠虽好不题诗。

以此可以证明，在薛涛之前成都既无海棠，更无咏海棠诗。薛涛为全唐诗中咏海棠第一人，她有《海棠溪》：

> 春教风景驻仙霞，水面鱼身总带花。
>
> 人世不思灵卉异，竟将红缬染轻纱。

在上面的"诗案"背后，有一个疑点，那就是薛涛诗中的海棠究竟为哪一种海棠，也就是说当年李德裕从洛阳带来的海棠花为哪一品种。

据明代《群芳谱》记载：海棠有四品，皆木本。这里所说的四品指的是：西府海棠、垂丝海棠、木瓜海棠和贴梗海棠。

西府海棠还是贴梗海棠？薛涛植栽和吟咏的究竟是哪一种海棠呢？

《花镜》中述西府海棠云："二月开花，五出，初如胭脂点点，及开，则渐成缬晕明霞，落则有若宿妆淡粉。"

而薛涛又有诗句："竟将红缬染轻纱"。从开花的季节性、花色及花朵的多寡，可以确切地得出结论，薛涛所吟咏的当为西府海棠。

李德裕在东都洛阳曾经营一座园林"平泉山居"，并在《平泉山居草木记》里记述：

> 木之奇者有：天台之金松、琪树，稽山之海棠……

江南稽山海棠，为木本植物，多为西府海棠。这也证明薛涛所植的海棠为西府海棠。

宋代宋祁《益部方物略记》记述："海棠大抵数种，又时小异。惟其盛者则重葩，叠萼可喜，非有定种也。始浓稍浅烂若锦章。北方所植，率枝强花瘠，殊不可玩，故蜀之海棠诚为天下奇艳云。"

　　风俗所染，成都的海棠花，据传是李德裕引种，薛涛推广的。

　　杜甫在成都不留海棠诗，遂成一桩文坛公案。关于杜甫不咏海棠说法甚多，其中有一种说法为杜甫在成都时期，成都还没有引种海棠。

　　西府海棠，当以成都碧鸡坊为盛。

四、棠梨花

棠梨花即蔷薇科野生灌木棠梨的花朵，棠梨花具有敛肺、涩肠、消食的功能。

薛涛《棠梨花和李太尉》：

> 吴均蕙圃移嘉木，正及东溪春雨时。
> 日晚莺啼何所为，浅深红腻压繁枝。

唐代专咏蜀地棠梨花的诗不多，除薛涛的此首外，还有晚唐寓居成都的诗人吴融（850—903）所著《追咏棠梨花十韵》：

> 蜀地从来胜，棠梨第一花。更应无软弱，别自有妍华。
> 不贵绡为雾，难降绮作霞。移须归紫府，驻合饵丹砂。
> 密映弹琴宅，深藏卖酒家。夜宜红蜡照，春称锦筵遮。
> 连庙魂栖望，飘江字绕巴。未饶酥点薄，兼妒雪飞斜。
> 旧赏三年断，新期万里赊。长安如种得，谁定牡丹夸？

吴融《追咏棠梨花十韵》诗表明，蜀地棠梨花栽种，早于长安。

篇
十
八

西川派

当宣州的杜牧捧读薛涛的赠诗时，他高兴得大喊大叫，手舞足蹈，霎时间压在心头的"影响的焦虑"，似乎就烟消云散了。

在晚唐青年诗人杜牧眼中，薛涛绝对是大唐诗坛上祖母级的明星诗人，一只永远的青鸟。

一、蜀江花

　　杜牧常恨自己生于晚唐，以为好的诗歌全都被初唐、盛唐与中唐的前驱诗人们写尽了。

　　杜牧是世家子，他的祖父杜佑是历史学家，官至宰相，曾著《通典》二百卷。作为高门世族，作为家藏万卷书的读书人，杜牧在诗歌写作上，却强烈地感受到横亘在前面的"强势诗人"是相当难以逾越的：

> 高摘屈宋艳，浓薰班马香。
>
> 李杜泛浩浩，韩柳摩苍苍。
>
> 近者四君子，与古争强梁。
>
> ——节选自（唐）杜牧《冬至日寄小侄阿宜诗》

　　《冬至日寄小侄阿宜诗》作于开成五年（840年）冬，杜牧时年三十八岁，已经在诗文上取得一定成就，有《题乌江亭》《题商山四皓庙一绝》等名诗。

　　对李白、杜甫、韩愈、柳宗元四位大诗人，杜牧可谓推崇备至。然而，他也深知在诗歌写作上，要想与这四人比肩是非常困难的。"与古争强梁"，与其说是告示自己的侄儿，不如说是杜牧诉说自己的困惑与焦虑。

　　在此之前，开成二年（837年），三十五岁的杜牧曾留下了一段评论中唐诗人元、白的"公案",即《唐故平卢军节度巡官陇西李府君墓志铭》：

> 尝痛自元和已来有元、白诗者,纤艳不逞,非庄士雅人,多为其所破坏。流于民间,疏于屏壁,子父女母,交口教授,淫言媟语,冬寒夏热,入人肌骨,不可除去。吾无位,不得用法以治之。

杜牧与元、白的年龄相差甚大,而且尚无社会交往,没有直接过节。

杜牧如此讥讽元、白的"元和体",不论是借用别人之言,或是"以燕伐燕"之辞,还是他个人与元、白有过什么恩怨,皆不得当。

然而倘若从"影响的焦虑"的诗学视域来看,恰恰反映出在杜牧那里,"诗的影响已经成为一种忧郁症和焦虑原则"。

杜牧所言的"吾无位,不得用法以治之"。其中的"位",可以理解为占据诗坛之有影响力的高位;其中的"法",可以理解为以杜牧自己的诗学之法来批评"元和体"是没有办法的。

杜牧将元、白视为"强梁",认为元、白阻碍了自己,使自己"无位",而将文学上纲为政治。如此的"影响的焦虑"犹如梦魇一样压迫着杜牧,让他几乎要患上诗歌的忧郁症了。

为了努力克服在诗歌上的"影响的焦虑",作为迟来的诗人杜牧,他在不停地追踪中唐前驱诗人的诗歌。杜牧终于有所发现,他最佩服的诗人是西蜀的女诗人薛涛,最喜欢的是她那首《谒巫山庙》：

> 乱猿啼处访高唐,路入烟霞草木香。
> 山色未能忘宋玉,水声犹是哭襄王。
> 朝朝夜夜阳台下,为雨为云楚国亡。
> 惆怅庙前多少柳,春来空斗画眉长。

杜牧认为这是大唐第一女诗人薛涛写得最好的七言诗。

《谒巫山庙》诗意寄寓，神女传说，水月镜像，哀而不伤，诗情惆怅。

《谒巫山庙》诗技高妙，对仗严谨，用典妥帖，叠声回环，诗韵和谐。

"惆怅庙前多少柳，春来空斗画眉长"，末句点题，更为巧妙："柳"与"眉"互衬，"惆怅"与"空斗"比对，将唐时女性的"斗眉"之俗嵌入，更是表达出不可言传、不可名状的情思。

在此之前，唐文宗大和二年（828年）闰三月，杜牧进士及第，年仅二十六岁。此时西蜀的女诗人薛涛已五十九岁，早已"名驰上国，诗达四方"了。

大和四年（830年）秋天，二十八岁的杜牧写下了《题白苹洲》，从宣州寄去益州，恭敬地请成都六十一岁的女诗人薛涛点评：

> 山鸟飞红带，亭薇折紫花。溪光初透彻，秋色正清华。
> 静处知生乐，喧中见死夸。无多珪组累，终不负烟霞。

好一句"终不负烟霞"，让年逾花甲的薛涛深有感怀，她由衷地赞叹着青年才俊杜牧。

诗中的"静处知生乐，喧中见死夸"正是对女诗人晚年为道冠，半隐锦城，于碧鸡坊吟诗楼的生活环境和心境意态的写照。

诗中的"无多珪组累，终不负烟霞"，其中"珪组"指帝王诸侯所执之长形玉版及系官印之丝带，此处喻指官爵。"烟霞"指山川胜景。"独浪烟霞，高卧风月"，此为人间神仙。

此诗可谓后来杜牧三次上启笺乞出任湖州一事的伏笔。

读杜牧的诗，薛涛心情大好，青春骀荡，立马展开深红诗笺，一边开砚磨墨，一边酝酿诗兴，旋即濡墨挥毫走笔，一首诗题被后人误改为《酬杜舍人》的诗成了：

> 双鱼底事到侬家，扑手新诗片片霞。

唱到白苹洲畔曲，芙蓉空老蜀江花。

　　当宣州的杜牧捧读到薛涛的赠诗时，他高兴得大喊大叫，手舞足蹈，霎时间压在心头的"影响的焦虑"，似乎就烟消云散了。

　　在晚唐青年诗人杜牧眼中，薛涛绝对是大唐诗坛上祖母级的明星诗人，一只永远的青鸟。

　　湖州的秋景对应益州的秋景，浙西与蜀西，虽说相隔千里，大和四年的高秋里，杜牧与薛涛的诗歌酬唱，连接了大唐诗坛的晚唐和中唐。

　　薛涛对杜牧影响深远。八年后，唐文宗开成三年（838年），杜牧写出了自己的七言名诗《题宣州开元寺水阁阁下宛溪夹溪居人》：

六朝文物草连空，天淡云闲今古同。
鸟去鸟来山色里，人歌人哭水声中。
深秋帘幕千家雨，落日楼台一笛风。
惆怅无因见范蠡，参差烟树五湖东。

　　杜牧有句："鸟去鸟来山色里，人歌人哭水声中。"
　　薛涛有句："山色未能忘宋玉，水声犹是哭襄王。"
　　杜牧的诗句与薛涛的诗句两相比较，似乎存在着某种关联。

　　其实，这可以看出作为"强梁"的前驱诗人薛涛对于迟来诗人杜牧的影响，而这样的影响往往是深刻而持久的，或已深入其潜意识而纠缠一生。而迟来的诗人对于自己推崇的前驱诗人，不仅存在着自觉或不自觉的模仿的快乐，更存在着有意识或潜意识的修正与突破。

二、主客图

最早将薛涛诗分门别派的是唐代张为的《诗人主客图序》。

宋代陈振孙《直斋书录解题·诗人主客图》：

> 《唐诗主客图》一卷，唐张为撰。所谓主者，白居易、孟云卿、李
> 益、鲍溶、孟郊、武元衡，各有标目。余有升堂、及门、入室之殊，皆
> 可谓客也。近世诗派之说，殆出于此，要皆有未然者。

作为溯源流，别流派，以流派风格论唐诗之开端，在《诗人主客图序》里，
张为将中晚唐诗人按风格分为六派。每派有一"主"，并有"上入室""入
室""升堂""及门"各等"客"。各家之下均录其诗句或全篇以示例。

薛涛作为唯一入选的中晚唐女诗人，被归于"以李益为清奇雅正主"的流
派，为"升堂"级别。

中唐李肇《唐国史补》（卷下）云：

> 李益诗名早著，有"征人歌且行"一篇，好事者画为图障。又有
> 云："回乐烽前沙似雪，受降城外月如霜。不知何处吹芦管，一夜征人
> 尽望乡。"天下亦唱为乐曲。

辛文房《唐才子传》评价李益云：

　　风流有词藻，与宗人（李）贺相埒，每一篇就，乐工赂求之，被于雅乐，供奉天子。

辛文房《唐才子传》评价薛涛云：

　　所作诗，稍欺良匠，词意不苟，情尽笔墨，翰苑崇高，辄能攀附，殊不意裙裾之中出此异物，岂得以匪人而弃其学哉！

元代文学史家辛文房《唐才子传》，为中国第一部唐诗专史。
明代文学家陆时雍《诗镜总论》评价李益云：

　　李益五古，得太白之深，所不能者澹荡耳。太白力有余闲，故游衍自得；益将矻矻以为之。《莲塘驿》《游子吟》自出身手，能以意胜，谓之善学太白可也。

陆时雍《唐诗镜》评价薛涛云：

　　薛涛诗气色清老，是此中第一流人。

犹如评价杜甫诗歌风格为"沉郁顿挫"，以"气色清老"来评价薛涛诗歌风格，相当准确。

三、西川派

中唐大致有三个诗歌流派：一是元稹、白居易的"新乐府运动"的"浅切尚实"；二是"韩孟诗派"的"奇崛险怪"；三是刘禹锡、柳宗元的佛理诗。

对于中唐诗风最有代表性的说法为"元和体"。

李肇《唐国史补》（卷下）对于"元和体"的内涵有所诠释：

> 元和已后，为文笔则学奇诡于韩愈，学苦涩于樊宗师，歌行则学流荡于张籍，诗章则学矫激于孟郊，学浅切于白居易，学淫靡于元稹。俱名为"元和体"。大抵天宝之风尚党，大历之风尚浮，贞元之风尚荡，元和之风尚怪也。

《唐国史补》所述的"元和体"代表诗人，一是韩孟诗派，二是元白诗派。

赵璘《因话录》（卷三）：

> 又元和以来，词翰兼奇者，有柳柳州宗元、刘尚书禹锡及杨公。

《因话录》的记述表明，韩孟诗派、元白诗派以外，元和时期还有刘柳诗派。

元白诗派阵营里，除元稹、白居易外，主将还有张籍、王建、李绅。

白居易提出"文章合为时而著，歌诗合为事而作"的观点。学者罗宗强在

《隋唐五代文学思想史》中指出："（元白）他们一变盛唐诗歌那种风骨远韵，那种多层意境，那种理想化的倾向，而转向尚实、尚俗、务尽。""他们写诗，无论在语言上还是在表现方法上，都从民歌吸取了营养。"

元稹的十二首新乐府与白居易的五十首新乐府是其代表作。除此之外，值得关注的是张籍和王建尚实、尚俗的诗风。如王建的《扬州寻张籍不见》：

> 别后知君在楚城，扬州寺里觅君名。
>
> 西江水阔吴山远，却打船头向北行。

此诗清新明快，具有民歌格调。罗宗强还指出："这诗几乎纯系口语。王建的许多诗，差不多都有这种向通俗化探讨的痕迹。"

韩孟诗派阵营里，除韩愈、孟郊外，主将还有贾岛、李贺。韩孟诗派的诗人们都在发掘新形式、新语言、新意境，从而创立自己的新风格。

在中唐的中心长安，无论是韩孟诗派，还是元白的"新乐府运动"，都在进行诗歌突围，亦如赵翼《瓯北诗话》所说的那样，诗歌到了韩愈（代指中唐）时，"李杜已在前，纵极力变化，终不能再辟一径"。

刘禹锡与柳宗元则自成一阵营。刘禹锡与柳宗元，二人都深受佛学影响。刘禹锡重视"心"，即主观体验，认为"片言可以明百意，坐驰可以役万景"（《董氏武陵集纪》）。刘禹锡以咏史诗、山水诗及向民间学习的竹枝词著名。柳宗元诗则禅风极盛。

其实在中唐的诗坛，除了元白诗派、韩孟诗派、刘柳诗派，还有成都的西川诗派。

相对于唐代诗歌的"中心"长安，作为"边缘"的成都，在安史之乱后，成为陪都（或者说副都），可谓唐朝的第二文化中心。

"自古诗人皆入蜀"——在薛涛寓居成都之前，已有初唐、盛唐的重要诗人卢照邻、王勃、骆宾王、李白、唐玄宗、杜甫、严武、岑参等来过成都。

在薛涛寓居成都后，有卢纶、司空曙、韦皋、段文昌、武元衡、李德裕等诗人来到成都。

成都西川诗派，自有时段，自有引领者。

第一期的引领者是司空曙。西川幕府的进士、"大历十才子"之一的司空曙，应为对薛涛诗歌创作有重要影响的诗人。司空曙擅长五言诗体，对于初入诗坛的薛涛，影响甚大。

第二期的引领者是僧广宣。广宣俗姓廖，贞元间居成都府广都县龙华寺。时在西川幕府的薛涛有《宣上人见示与诸公唱和》，段文昌有《还别业寻龙华寺广宣上人》诗。外州诗人刘禹锡有《广宣上人寄在蜀与韦皋令公唱和诗卷因以令公手札诗示之》。广宣后来入长安为内供奉，赐居安国寺红楼院，与长安达官多有唱和。以其在中唐诗坛上的交往与名气，广宣诗僧应是薛涛诗名扩播的重要推手。

第三期的引领者是武元衡。薛涛在脱籍前有《续嘉陵驿诗献武相国》等诗，在脱籍后有《上川主武元衡相国二首》等诗。

以武元衡的官爵、在诗坛上的名声，武元衡应为薛涛最重要的诗名提携人。

元和年间，武元衡偕成都幕僚临观韦皋时所养孔雀，薛涛在座。

武元衡有诗《西川使宅有韦令公时孔雀存焉暇日与诸公同玩座中兼故府宾妓兴嗟久之因赋比诗用广其意》。武元衡此诗引来同朝官僚诗人唱和，现存有白居易《和武相公感韦令公旧池孔雀》、韩愈《奉和武相公镇蜀时咏使宅韦太尉所养孔雀》、王建《和武门下伤韦令孔雀》与《伤韦令孔雀词》等诗。值得注意的是，与武元衡唱和孔雀诗的皆为进士出身的官僚。这次孔雀诗唱和活动，让薛涛再一次"诗达四方，名驰上国"。

第四期的引领者是段文昌。薛涛时有《段相国游武担寺病不能从题寄》诗，段文昌是薛涛诗歌的欣赏者。

第五期的引领者是薛涛，有《筹边楼》诗。

中唐女诗人薛涛的诗风，最能代表成都西川诗派。

薛涛诗歌最有特色者，可分为三类：一类为上节帅诗，一类为边塞诗，一类为女性诗。

薛涛诗的风格，陆时雍《唐诗镜》所言最为确切："薛涛诗气色清老，是此中第一流人。"

四、春望词

女人终究为女人，情感缠绕，女人天性。

虽说历来都认为《筹边楼》为薛涛诗歌的压卷之作，其实《春望词》方为薛涛的最高之作，亦为大唐女性的最高之作。

女人的诉说，为唐代女性诗人的潜流。

武则天《如意娘》：

> 看朱成碧思纷纷，憔悴支离为忆君。
>
> 不信比来长下泪，开箱验取石榴裙。

对爱情追求执着热烈。

上官婉儿《彩书怨》：

> 叶下洞庭初，思君万里馀。露浓香被冷，月落锦屏虚。
>
> 欲奏江南曲，贪封蓟北书。书中无别意，惟怅久离居。

虽是深挚，却为思妇之恋。

李冶（？—784），字季兰，与"大历十才子"齐名的女诗人。

李冶《相思怨》：

> 人道海水深，不抵相思半。海水尚有涯，相思渺无畔。
> 携琴上高楼，楼虚月华满。弹著相思曲，弦肠一时断。

李冶《得阎伯均书》：

> 情来对镜懒梳头，暮雨萧萧庭树秋。
> 莫怪阑干垂玉箸，只缘惆怅对银钩。

此两首诗，亦为思妇之恋。与武则天、上官婉儿诗题材相同。

李冶《春闺怨》：

> 百尺井栏上，数株桃已红。念君辽海北，抛妾宋家东。

此诗最后一句借用《登徒子好色赋》中东邻女子登墙偷觑挑逗男子的典故，遥问远方的征人：在这春风撩人的时节，把我孤零零一人弃在家里，难道就不怕我像东邻女那样去偷看别的男子吗？隐约地显示出女性的独立抗争个性。

不过，李冶论男女夫妻关系的《八至》诗最显意义：

> 至近至远东西，至深至浅清溪。
> 至高至明日月，至亲至疏夫妻。

钟惺《名媛诗归》评道："字字至理，第四句尤是至情。"

清代黄周星《唐诗快》评此诗末句道："六字出自男子之口，则为薄幸无情；出自妇人之口，则为防微虑患。大抵从老成历练中来，可为惕然戒惧。"

相比之下，薛涛的《春望词四首》诗，表现了女性于两性交往之中的情感处境，才是真正意义上的女性"阴性书写"：

花开不同赏，花落不同悲。欲问相思处，花开花落时。

揽草结同心，将以遗知音。春愁正断绝，春鸟复哀吟。

风花日将老，佳期犹渺渺。不结同心人，空结同心草。

那堪花满枝，翻作两相思。玉箸垂朝镜，春风知不知。

男人的爱总是如风如鸟，女人的情却直是为树为石。

"欲若问相思处，花开花落时。"女人花，一生长；生老病死，悲欢离合；执子之手，与尔偕老，才为相思。"春愁正断绝，春鸟复哀吟。"男人悲秋，女人伤春；悲秋多为家国山河，伤春却为红颜易衰。同心草易结，知音人难觅。人若不同心，花草犹何堪？

"不结同心人，空结同心草。"没有内容，徒有形式，何有爱情？！若为真情真爱，又何以在乎一纸形式？！此为超越时代的呼吁。

"不结同心人，空结同心草"堪称女性找回湮泯的自我，女性的情爱宣言。

她似在安慰先前的自己，又似在昭示后来的姐妹。风中的花一日复一日地老去，佳期遥遥而企盼无期。

那堪花满枝，春风知不知？女人泪为谁流？女人身为谁瘦？女人心为谁碎？

虚假的情爱与死亡的婚姻，让女子竟日对镜枯坐，泪流如玉箸。薛涛为此大声地责问：春风知不知？！

冲出男权社会藩篱，不仅要抗争世俗，更需解放自我。薛涛解蔽了女性自我言说的封锁，薛涛解蔽了女性自我焦虑的哀吟。

《春望词》，从细微里穿越时空，一如蝴蝶的翅膀突然卷起飓风，击溃了男性的语言修辞美学，瞬间跨越了一千零一个通向激情的门槛，堪称四万八千九百首唐诗中最彻底、最独立、最开放的女性写作。

《春望词》，女性的身体写作，女性的心理回响，女性的情感宣泄。

《春望词》，女性经验视野的扫描，女性欲望细腻的表现，女性情感深切的体验，女性身体话语的写作。

《春望词》，泌流着黏状的汁液，决开了千年堵塞，乃是薛涛全部诗歌中最具价值的女性写作。

《春望词》，奇异、新颖、丰姿、变幻，应为一座中国古代女性写作的千高原。可惜，这座千高原至今还被男权话语雾障，时时被遮蔽。

薛涛吟咏过许许多多花草竹木：《井梧吟》《鸳鸯草》《酬人雨后玩竹》《浣花亭陪川主王播相公暨僚同赋早菊》《咏八十一颗》《柳絮咏》《金灯花》《朱槿花》《忆荔枝》《采莲舟》《菱荇沼》《海棠溪》《棠梨花和李太尉》《和刘宾客玉蕣》《酬辛员外折花见遗》……

这些花草竹木，葳葳蕤蕤、丛丛簇簇，诗则或明喻，或隐喻，或转喻，或象征，或反讽……正是在这样吟咏花草竹木的诗作之上，《春望词》所咏之花，忽然从形象跃升为意象，以最为简约的文字表达出最为繁复的意思。

花开不同赏，花落不同悲。欲问相思处，花开花落时。

寥寥二十字里，花字有四个。花开花落，女人一生；同赏同悲，直为爱情。

在世界文学的场域，类似的叙述，千年后有英国诗人约翰·济慈的《人生四季》、爱尔兰诗人威廉·巴特勒·叶芝的《当你老了》；类似的意思，后来有法国女作家杜拉斯的小说《情人》中的名句："与你年轻时相比，我更爱你现在备受摧残的容貌。"……然而其所承载的爱情倾诉，都无法与薛涛的《春望词》匹侔。只此青绿，流传、媒介、接受，中国薛涛的《春望词》，不老，日久弥新，竟然在千年的时光里不断增值。

花之气息，花之姿态，花之根，花之叶，花之果，花之四季，花之世界。

花之蕊，花之泽，简约而深沉，直白而迂回，恍兮惚兮，其中有光，花之光，女人之光。

女人种花，女人赏花，女人折花，女人赠花，女人吟花，女人惜花，女人疼花，女人恨花，女人葬花，女人若花，花为女人，女人为花。

筹边楼

　　筹边楼，为边地军事建筑。其功能有三：一是作为筹谋边地军事活动的办公场所；二是作为筹谋边地军事活动的档案所在，每一地的筹边楼上，多绘制该地的山川地形、道路、关隘，多记载该地的人口、民俗、历史等；三是作为军事威慑建筑物，使敌方畏惧。

一、东湖畔

唐文宗大和年间，时任剑南西川节度使，兼成都尹的李德裕，快步登上了蝠崖，扶树下望波光粼粼的东湖，片刻，他长长地吁了一口气。

那天，虽说偷得半日闲时，心中却颇为不快。前些日子，他的长安表奏，被当朝宰相牛僧孺弄得一塌糊涂。

事情的原委是这样的：西川益州成都为唐朝边境，在唐时位置重要，与南诏和吐蕃分别交界。在此之前，南诏侵犯，打败前任剑南西川节度使杜元颖，继任的郭钊又患疾不能理事，李德裕接手的是一个百废待兴的烂摊子。

李德裕筹划兵马，先在清溪关（今四川汉源南）修筑堡垒，利用地形优势构筑"一夫当关，万夫莫开"的险关，成功地阻挡了南诏的进攻。

他又选拔民兵，缓则农，急则战，谓之"雄边子弟"，屯垦戍边，增强了唐军防卫威慑。几板斧砍下来，令西川稳定，成都百业又现兴盛。

大和五年（831年），吐蕃维州守将悉怛谋投降唐军，李德裕获取了吐蕃的维州城，本来可以借此扼制吐蕃的进攻，令人扼腕的是，当朝宰相牛僧孺私心掣肘，不以家国为重，竟然劝说唐文宗将维州归还给吐蕃，遣返了全部吐蕃降卒，致使他们返回后尽数被枭首。此事气得李德裕厉声叫骂，牛李党争自此愈争愈炽。

此刻的李德裕伫立蝠崖，无端生出一种壁立千仞的感觉，背后凉飕飕的。

牛李之党皆挟邪取权，两相倾轧，纷纭倾陷，垂四十年。

——《续世说》

　　在初唐之时，关陇贵族集团作为唐朝统治者，虽说在文化方面吸收山东士族的成果，但在政治上和经济上却对之排挤打击。

　　这两大贵族集团内部互相联姻，盘根错节，自成体系，壁垒森严。

　　盛唐之后，山东旧族通过科举道路，在政治上重振旗鼓，欲与关陇集团分庭抗礼。世袭与科举，高门与寒士，从中唐一直延续到晚唐的牛李党争就是世族与庶族矛盾的激化的体现。

　　实际上，牛李党争，这门梁子结冤，开始与李德裕并无关系，一切缘于唐宪宗与唐文宗两朝的两场科举。

　　唐宪宗在位时期，有一年长安举行考试选拔人才，举人牛僧孺、李宗闵在考卷里批评了朝政。考官认为符合选择的条件，便把他们推荐给唐宪宗。

　　这件事传到李德裕的父亲、当朝宰相李吉甫的耳里。李吉甫见牛僧孺、李宗闵批评朝政，揭露了他的短处，对他十分不利，于是在唐宪宗面前说，牛僧孺、李宗闵这两个人与考官有私人关系。唐宪宗信以为真，就把几个考官降了职，牛僧孺和李宗闵也没有受到提拔。

　　谁知这件事却引致朝野哗然，争为牛僧孺等人鸣冤叫屈，谴责李吉甫嫉贤妒能。迫于压力，唐宪宗只好于同年将李吉甫贬为淮南节度使，另外任命宰相。

　　这样朝臣便分成了两个对立派。但此时李德裕、牛僧孺尚未进入朝廷供职，所以派系斗争色彩尚不浓厚……

　　唐文宗即位后，又举行进士考试，由牛党人物钱徽主持，结果又被告徇私舞弊。在时任翰林学士李德裕的证实下，钱徽被降职，李宗闵也受到牵连，被贬谪到外地去了。李宗闵认为李德裕成心排挤他，于是便恨透了李德裕。

　　牛僧孺当然很同情李宗闵。于是以后牛僧孺、李宗闵就跟一些科举出身的官员结成牛党，李德裕也跟士族出身的人结成李党，两派明争暗斗得很厉害。唐文宗皇帝即位以后，李宗闵走了宦官的门路，当上了宰相。李宗闵向唐文宗皇帝推荐牛僧孺，因此牛僧孺也被提拔成了宰相。牛党得势，就把李德裕贬谪为剑南西川节度使。

东湖竣工了，李德裕将脚下的土丘取名为"蝠崖"，就是为了祈福，以求平安。原本在来西川前，裴度推荐自己为宰相，不料李宗闵抢先一步走了宦官的门路，将位子夺了。好在名将高崇文曾说："西川乃宰相回翔之地。"托人吉言，李德裕站在蝠崖上，回望长安，惆怅焦虑之中生出了几分雄心。

孙光宪《北梦琐言》云：

> 新繁县有东湖，李德裕为宰时所凿。夜梦一老人曰："某潜形其下，幸庇之。明府富贵，今鼎来，七九之年，当相见于万里外。"后于土中得虾蟆，径数尺，投之水中。而德裕以六十三，卒于朱崖。果应七九谶。

这是关于东湖最早的记录。孙光宪，五代人，著《北梦琐言》三十卷（今本仅存二十卷），记叙自唐至后唐、梁、蜀、江南诸国的逸闻。

唐及唐五代，社会文艺时尚，偏爱逸闻趣事，愈稀奇古怪愈有兴趣。李德裕的死对头牛僧孺，少负才名，性喜志怪，入仕前，就著有一部厚厚的《玄怪录》。上面最著名的故事之一，记录象棋起源于西蜀临邛。说是四川，邛崃地区有户人家，橘园中结了两只奇异的橘子，有钵头般大小。剖开一看，不是橘瓢，只见每只橘子里都有两个老头儿"象戏于其中"。他们互有胜负，还有奇奇怪怪的赌注。

《玄怪录》中未言明此种象戏的机制，只是说故事发生在陈隋之间，那么很可能是北周武帝所制定的品种。不管怎么说，"橘中之乐"从此便成了象棋的别称。

与人斗，其乐无穷！世世代代的男人们都置身于官场的权力博弈中，人生整个精力白白耗散，而当事人浑然不觉。"橘中之乐"，仿佛是一道棋谶，一道牛僧孺与李德裕争斗得死去活来的棋谶。

二、领春风

李德裕与自己的幕僚兼关门弟子段成式一起散步在摩诃池畔。

段成式，是李德裕同朝同道好友段文昌的公子，博学精敏，长于文学，后来因著有《酉阳杂俎》而称扬于当时。

《旧唐书·文苑下》记载："（李商隐）与太原温庭筠、南郡段成式齐名，时号'三十六'。"三人为晚唐文坛领军，因三人诗歌风格相近且在各自的家族中排行俱为十六之故，时人便把他们所擅长的文体风格称为"三十六体"。

此时师生二人又谈论起孔雀：

孔雀，释氏书言，孔雀因雷声而孕。

段成式在《酉阳杂俎》里将孔雀排列在凤之后，强调其雌雄同体，不受而孕的神奇。

段式成还在《酉阳杂俎·支动》中记载了老师李德裕关于孔雀的看法：

卫公言鹅警鬼，鸡鹃厌火，孔雀辟恶。

与敏锐的鹅、见不得火的鸡鹃一样，在唐人眼中，孔雀绝对是一种另类的飞禽，不仅华丽吉祥，高贵坚韧，美妙得不可言喻，而且还有辟邪消灾的奇特效用。

后来段文昌的孙子段公路也对孔雀感兴趣。段公路在记载岭南风土物产的专著《北户录·孔雀媒》里描述：

> 雷、罗数州收孔雀雏养之，使极驯扰，致于山野间，以物绊足，傍施罗网，伺野孔雀至，则倒网掩之无遗。一说孔雀不匹偶，但音影相接，便有孕，如白鹢，雌雄相视则孕。或曰："雄鸣上风，雌鸣下风，亦孕。"

师生二人还谈起了武元衡、韩愈、王建他们关于成都孔雀的诗。

李德裕和段成式都认为薛涛就是中唐诗坛上的"孔雀"，她以诗受知，"诗达四方，名驰上国"。

段成式又吟咏起大历十年进士王建的《寄蜀中薛涛校书》：

> 万里桥边女校书，枇杷花里闭门居。
>
> 扫眉才子于今少，管领春风总不如。

"万里桥边女校书"，是长安进士诗人王建《寄蜀中薛涛校书》的诗句，专门称赞薛涛的，只要是成都人都晓得。

薛涛，大唐诗坛上永远不凋的花，她与历任川主的交往历历在目：韦皋、高崇文、武元衡、段文昌、王播、李德裕，皆一代名臣名将名相啊！

薛涛与外州文士的交往也历历在目：元稹、白居易、刘禹锡、王建、韩愈、杜牧，或为诗坛领袖，或为翰林大学士啊！

四百年后，元代的学者费著在《笺纸谱》中印证道：

> 涛出入幕府，自皋至李德裕，凡历事十一镇，皆以诗受知。其间与涛唱和者，元稹、白居易、牛僧孺、令狐楚、裴度、严绶、张籍、杜牧、刘禹锡、吴武陵、张祜，余皆名士，记载凡二十人，竞有酬和。

三、筹边楼

唐文宗大和四年（830年），李德裕任西川节度使后，复建成都筹边楼。

成都筹边楼有多高，今已不见史载，不过从现存的唐塔制式推测，高度至少在五六十米以上，突兀耸立在平原之上，异常壮观，当属唐时的成都地标。塔的飞檐挂满金铎，风吹铃响，声闻数里。

《新唐书》卷一百八十记：

> 乃建筹边楼，按南道山川险与蛮相入者图之左，西道与吐蕃接者图之右。其部落众寨，馈饷远迩，曲折咸具。乃召习边事者与之指画商订，凡虏之情伪尽知之。

筹边楼的雏形，应始于严武剑南西川时期。杜甫《严公厅宴同咏蜀道画图》（得空字），记述唐代宗宝应元年（762年），严武邀杜甫到府厅参加宴会，并在厅堂里展阅西川蜀道画图。杜甫《奉观严郑公厅事岷山沱江画图十韵》（得忘字），记述唐代宗广德二年（764年）杜甫因观严郑公厅事岷山沱江画图。两首诗表明严武府厅所挂的两幅地图，应为西川军事地图。严武的府厅兼作了西川军事活动谋划办公场所。

筹边楼，为边地军事建筑。其功能有三：一是作为筹谋边地军事活动的办公场所；二是作为筹谋边地军事活动的档案所在，每一地的筹边楼上，多绘制该地的山川地形、道路、关隘，多记载该地的人口、民俗、历史等；三是作为军事威慑建筑物，使敌方畏惧。

中唐名臣李德裕主政蜀川，为剑南西川节度使兼成都尹时，致力蜀川边务，在蜀川建有三处筹边楼，分别为：保县（今理县）筹边楼，主要功能是分领筹谋川西军事，防御吐蕃、冉羌；清溪（今青神）筹边楼，主要功能是分领筹谋川南军事，防御夜郎、苗夷；成都筹边楼，主要功能则是总领筹谋西南军事，既为防御吐蕃，更为防御南诏。

《汶川县志·古迹》卷七引旧志：

> 筹边楼有三，一在保县，筹西边也；一在清溪，筹南道也；一在蜀城大慈寺，兼筹西南道也。或曰楼在今之理番府，非是。当卫公筹边时，维州地陷入吐蕃，后悉怛谋以维州降。在卫公去后，杜悰继镇时，则建楼当在汶川。旧志，然已不可考。

这表明每一地方的筹边楼有每一地方的军事功能。

成都的筹边楼总御西南，相当于总司令部，保县与清溪筹边楼，相当于前敌指挥部。

今天的理县薛城镇筹边楼，为国家重点文物保护中心，距离成都175公里。

> 平临云鸟八窗秋，壮压西川四十州。
>
> 诸将莫贪羌族马，最高层处见边头。
>
> ——薛涛《筹边楼》

筹边楼落成，薛涛吟出《筹边楼》诗。

江山代有，各领风骚。亦如初唐王勃的《滕王阁序》、盛唐崔颢的《黄鹤楼》、中唐薛涛的《筹边楼》，诗因楼吟，楼缘诗传，独步古今，无人能及。

薛涛的《筹边楼》诗吟出之后，李德裕于心戚戚焉，深以为此是有唐以来，历任西川节度使治蜀筹边政治与军事攻心与审势的经验总略。

李德裕又请薛涛自书其诗，并聘蜀中镌刻圣手刻匾悬挂于筹边楼上。

千百年来，多少登临客吟诵此诗，莫不叹服。

《四库全书总目提要》评价道：

> 然如《筹边楼》诗曰："平临云鸟八窗秋，壮压西川四十州。诸将莫贪羌族马，最高层处见边头。"其托意深远，有鲁婺不恤纬，漆室女坐啸之思，非寻常裙屐所及，宜其名重一时。

黄培芳《香石诗话》卷二评价道：

> 薛涛《筹边楼》诗云："平临云鸟八窗秋，壮压西川四十州。诸将莫贪羌族马，最高层处见边头。"笔调高壮，意存讽喻，不图女校书亦有此风格。

南宋孝宗淳熙三年（1176年）八月，四川制置使、成都知府范成大在重建筹边楼落成宴会上，举酒吩咐陆游曰"君为我记"。然而因为薛涛的《筹边楼》诗无法超越，所以陆游只得写《筹边楼记》了。

篇二十

半江月

　　静极，人生的悲喜终是虚无。

　　薛涛在晚景之时，已然参透生命常态，她吟风弄月，
写下《风》。

一、悲无诗

唐文宗大和六年（832年）关于成都女诗人薛涛的讣讯，是即将返程长安上任兵部尚书的李德裕，函告时任苏州刺史的刘禹锡的。

刘禹锡悲伤地写下了伤悼诗《和西川李尚书伤孔雀及薛涛之什》：

> 玉儿已逐金环葬，翠羽先随秋草萎。
>
> 唯见芙蓉含晓露，数行红泪滴清池。

李德裕的原诗今已佚。

刘禹锡又将《和西川李尚书伤孔雀及薛涛之什》寄给了洛阳的白居易。

而在这之前，刘禹锡收到了白居易的《寄刘苏州》：

> 去年八月哭微之，今年八月哭敦诗。
>
> 何堪老泪交流日，多是秋风摇落时。
>
> 泣罢几回深自念？情来一倍苦相思。
>
> 同年同病同心事，除却苏州更是谁？

大和六年（832年）的白居易六十一岁了，时任河南尹。这年七月他刚为葬于咸阳的兄弟元稹撰了墓志,其家馈润笔六七十钱,他悉布施修香山寺了。八月,他的另一个好友崔群(字敦诗)亦过世了。

深秋九月,洛阳风起,又惊悉成都女诗人薛涛过世了,这真让白居易伤心无泪了,往事历历,故人惜惜,老天无情,情何以堪。

宋代《淳熙秘阁续帖》收存了白居易回复刘禹锡的书信手迹《与刘禹锡书》,记述了他当时的状态,传达出他当时的心迹:

> 冬候斗寒,不审动止何似?居易蒙免。……前月廿六日,崔家送终事毕,执绋之时,长恸而已!况见所示祭文及祭微哀辞,岂胜凄咽!……平生相识虽多,深者盖寡,就中与梦得同厚者,深、敦、微而已。今相次而去,奈老心何!……乃至"金环翠羽"之凄韵,每吟数四,如清光在前,或复命酒延宾,与之同咏,不觉便醉便卧。即不知拙句到彼,有何人同讽耶?向前两度修状寄诗,皆酒酣操简,或书不成字,或言涉无端,此病固蒙素知,终在希君恕醉人耳。……居易再拜。梦得阁下。十一月日。谨空。

洛阳仲冬,北风啸,伊河水,呜咽无声。

两个月后,白居易才缓过神来。他将刘禹锡的伤悼诗哀吟了四遍,双目清光茫茫;又想请人来一同咏诗悼念薛涛,无奈醉了睡了。中间曾有两次修状寄诗,无奈酒醉操简,或书不成字,或言涉无端。最终还是只有书信,没有和诗,那红笺上唯有老泪泗漫。为此他只好向梦得老友,深表歉意。

金星星、黄星星、紫星星、蓝星星,望着伊河上的星星,老眼昏花的白居易似乎出现幻觉:

荔枝真甜啊——天下味,世间香。薛涛曾道嘉州荔枝似若琼浆,她没有尝过忠州的红荔枝啊。

荔枝真甜啊——元微之,元才子,元九郎,梅花树下,对叩三拜的好兄弟啊。

去年,"大和五年七月二十二日,遇暴疾,一日薨于位,春秋五十三"。段文昌的公子段成式《酉阳杂俎·雷》记识："元稹在江夏，襄州贾堑有庄，新起堂。上梁才毕，疾风甚雨。时庄客输油六七瓮，忽震一声，油瓮悉列于梁上，一滴不漏。其年，元卒。"哈哈，一滴不漏，元兄弟的油瓮子。

荔枝真甜啊——荔枝真甜啊——元兄弟这一世有女人缘啊，崔莺莺、韦丛、薛涛、安仙嫔、江陵酒妓杨琼、裴淑、歌女刘采春……春风犹隔武陵溪，说不出来的滋味啊。

荔枝真甜啊——彩笺飞闪，她笑了，木槿花一样的笑，海棠花一样的笑，棠梨花一样的笑，朱槿花一样的笑，金灯花一样的笑，"诗达四方，名驰上国"，薛涛是大唐诗坛上的花魁啊！

蓝星星、紫星星、黄星星、金星星。

终于酒醒了。仄仄平仄仄卒章显志，仄仄平平仄悠然自得，仄平平平仄情理动内的感伤，白居易这位文章精切，最工于诗，号为"诗魔"，在《全唐诗》中存诗最多的诗人，却单单缺一首伤悼薛涛的诗，千古之悲憾啊！

二、风月吟

静极，人生的悲喜终是虚无。

薛涛在晚景之时，已然参透生命常态，她吟风弄月，写下《风》：

> 猎蕙微风远，飘弦唳一声。林梢明渐沥，松径夜凄清。

风是琴弦，演奏人生。

风向不定，琴声转调。

人生无常，幻生幻灭。

一棵开花的树，当众生走过，一朵青莲，莲的心事。

月亮，一枚铜镜子，实相与幻影，抹掉，还是留下。她写下了《月》：

> 魄依钩样小，扇逐汉机团。细影将圆质，人间几处看。

魄，月始生或将灭时之微光。

月如钩，魂挂何处？

轻罗小扇，安然坦然恬然淡然，无悔无愧无憾。

她留下收有五百首诗的《锦江集》，诗笺千年几处人间看。

三、颐养年

民国学者谢无量在《中国大文学史》里，将中唐时段定为代宗大历元年（766年）至武宗会昌六年（846年），共80年。

中唐的诗人集团，可分为韩孟诗派集团、元白诗派集团、刘柳诗派集团，还有西川诗派集团。

值得注意的是，诗人的生卒，在某种意义上决定着诗人在诗坛上的存在。

与薛涛相关的外州诗人：

韩愈（768—824），贞元八年（792年），登进士第，终年五十七岁；

元稹（779—831），贞元九年（793年），以明经登第，终年五十三岁；

白居易（772—846），贞元十六年（800年），登进士第，终年七十五岁；

刘禹锡（772—842），贞元九年（793年），登进士第，终年七十一岁；

王建（约766—约834），与张籍并称"张王乐府"，终年六十八岁；

杜牧（803—852），大和二年（828年），登进士第，终年五十岁。

与薛涛相近的入蜀西川诗人：

司空曙（约720—约790），登进士第，"大历十才子"之一；

武元衡（758—815），建中四年（783年），登进士第，终年五十八岁；

王播（759—830），贞元十年（795年），登进士第，终年七十二岁；

段文昌（773—835），翰林学士，终年六十三岁；

李德裕（787—850），翰林学士，终年六十四岁。

至于薛涛的生年与卒年，实际上一直是个谜。

最早的记述是南宋陈振孙的《直斋书录解题》：

> 涛得年最长，至近八十。

明代刻本《薛涛诗》小传记述：

> 后段文昌再镇成都，大和岁涛卒，年七十五。文昌为撰墓志。

后有民国学者彭云生提出的享年四十八岁说；

后有民国学者石岩提出的享年六十三岁说；

后有民国学者傅润华提出的享年六十四岁说；

……

本书采用的是前辈薛涛研究专家张篷舟先生提出的说法：薛涛生于770年，卒于832年，享年六十三岁。

从八岁的《续父井梧吟》，到六十二岁的《筹边楼》，薛涛的诗歌创作活动持续了半个世纪以上。

薛涛，大唐诗坛上开得最久的花。

四、半江月

　　有乐妓而工篇什者，成都薛涛。

　　这是最早在史书中记述薛涛的文字，见于李肇所撰《唐国史补》。

　　李肇，约唐宪宗元和中在世。元和十三年（818年）自监察御史充翰林学士，历右补阙、司勋员外郎。大和初官至中书舍人，卒于开成元年（836年）之前。《唐国史补》作于长庆年间，署官名为尚书左司郎中。李肇与王建交好，王建有诗《荆南赠别李肇著作转韵诗》记述其行状。李肇亦与段文昌熟识，他们是同一批赐金紫的翰林学士。

　　女诗人薛涛，曾有五卷《锦江集》，诗五百首。

　　南宋晁公武《郡斋读书志》记识：

　　薛涛锦江集五卷。唐薛涛洪度，西川乐妓，工为诗，当时人多与酬赠。武元衡奏校书郎。大和中卒，李肇云：乐妓而工诗者，涛亦文妖也。

　　南宋陈振孙《直斋书录解题》亦记识了，在这之后，《锦江集》因战乱兵燹佚失了。

最早收录薛涛诗的选本，是唐五代韦庄所编的《又玄集》。此后，五代后蜀韦縠的诗选《才调集》、宋人陈应行汇辑的《吟窗杂录》、宋人洪迈编辑的《万首唐人绝句》等选本皆收录有薛涛诗。

《全唐诗》中收录薛涛诗达八十九首之多，为留存诗歌最多的唐代女诗人。

《全唐诗》是清康熙四十四年（1705年），彭定求、沈三曾、杨中讷、汪士鋐、汪绎、俞梅、徐树本、车鼎晋、潘从律、查嗣瑮等10人奉敕编校的，"得诗四万八千九百余首，凡二千二百余人"。

《全唐诗》九百卷中，妇女作品有十二卷。女诗人一百二十余位，诗篇近六百余首。诗人上自皇帝王妃，下至尼姑妓女，遍及各阶层。

据学界统计，这个数字是先秦至魏晋南北朝两千年历史时期所有女性现存作品总和的七倍，在此之前，没有任何一个时期出现了这样多才女的作品。

据清人章学诚《文史通义·内篇五》记载：

> ……而女子传篇亦寡。今就一代计之，篇什最富，莫如李冶、薛涛、鱼玄机三人，其他莫能并焉。

在《全唐诗》中，武则天存诗46首，上官婉儿存诗32首，李冶存诗16首，鱼玄机存诗50首；而薛涛存诗89首（在《全唐诗》中单独立一卷），为唐代女诗人之冠。

《红雨楼书目》评价：

> 唐有天下三百年，妇人女子能诗者，不过十数……洪度诗五百，此亦断圭残璧，非完璧也。

"扬一益二"，不仅指唐代成都的经济地位，亦指成都的文化地位。这是因为唐代女诗人薛涛的诗笺飞舞，蝶动大唐，让成都已然成为一座"诗城"，成为天下诗人所向往的天府，并泽润至今。

望江楼

大唐女诗人薛涛，千百年来，她的传奇时谈时赞，她的诗歌弦诵不已，她的芳名映在锦江之上……

一、小桃花

唐文宗大和六年（832年）九月，一代才女薛涛与世长辞，时年六十三岁。

再任剑南西川节度使的段文昌亲自撰写墓志，并题写碑文"西蜀女校书薛洪度墓"。

段文昌为中唐的文章圣手，名声与元才子元稹、诗魔白居易、文章巨公韩愈齐肩。奉旨之作《平淮西碑》，让段文昌一举成名。在此前，已有当朝的国子监博士韩愈承诏撰写纪事功碑《平淮西碑》文，然而因其论功不实而遭指责。

于是唐宪宗诏令磨去韩愈所撰碑，令翰林学士段文昌重新撰文勒石，此事让段文昌誉满天下。

只可惜段文昌为薛涛撰写的墓志铭碑今已佚失。

薛涛坟，在文献与现实中飘移不定。

薛涛真正葬于何处，史料并无明确记载。毕生致力于研究薛涛的专家，原上海大公报记者张篷舟先生推测薛涛坟应在望江楼东面的锦江之滨。

清李淑熏的《记薛涛坟》中载："江楼南去二三里，荒陇犹留土一抔。"可知薛涛墓距薛涛井最多二三里之远。

《四川通志》："薛涛墓在（华阳）县东十里。"嘉庆《华阳县志》："薛涛墓在治东南四里黄家坝。"又民国《华阳县志》："薛涛墓在县东五里薛家巷。旧志云黄家坝，亦即其地。盖乡里小名，随时异称也。"这是指明清时所见之墓，因薛涛井所在，就推测薛涛墓在其附近。

现实往往无知无情而无视无顾历史。20世纪60年代以前，距望江楼公园仅一墙之隔的四川大学校园里曾有薛涛墓并题有碑文，只可惜毁于动乱之中，现踪迹全无，为后人破解其真伪留下了无穷的遗憾。

第一位凭吊薛涛坟的人，是唐僖宗时诗人郑谷，他在《蜀中三首》之三中写道：

> 渚远江清碧簟纹，小桃花绕薛涛坟。
> 朱桥直指金门路，粉堞高连玉垒云。
> 窗下斫琴翘凤足，波中濯锦散鸥群。
> 子规夜夜啼巴蜀，不并吴乡楚国闻。

此诗当为最早感念凭吊女诗人薛涛之作，亦是一种亲在的行为，对于薛涛坟的记述，景象氤氲哀伤淡远：小桃花绕，绯云粉雾，朱桥虹影，城堞逶迤，玉垒白云，锦水碧波，群鸥集翔，杜鹃夜啼，旅人惆怅……

美丽显灵，玄幻真实。

南宋计有功《唐诗纪事》卷七十九记载：

> 进士杨蕴中下成都狱，梦一妇人曰："吾薛（涛）也。"赠诗云："玉漏深长灯耿耿，东墙西墙时见影。月明窗外子规啼，忍使孤魂愁夜永。"

《太平广记》卷三五四也记载了这个故事：

> 进士杨蕴中得罪，下成都府狱，夜梦一妇人，虽形不扬，而言词其秀。曰："吾即薛涛也，顷幽死此室。"乃赠蕴中诗曰："玉漏深长灯耿耿，东墙西墙时见影。月明窗外子规啼，忍使孤魂愁夜永。"

坐狱而有梦中艳遇，何等的风流韵事！比红袖添香夜读书，更能慰藉男人了，而偏偏出现的女人又为薛涛，这又何等的奇幻啊！

在这个故事之后，与成都薛涛坟最相关的故事，是明代永乐进士李昌祺传奇小说集《剪灯余话》中的《田洙遇薛涛联句记》。

这是一篇典型的玄幻穿越小说，将薛涛的形象刻画得栩栩如生，让今人也自叹弗如。通篇景象环境，是以郑谷的"小桃花绕薛涛坟"为描述，将薛涛的精灵玄幻出来，在一片桃树林中与清雅标致的田洙相会，彼此妙语联句。才思敏捷，风情万种，山青水绿，如诗似画，玄幻之中，灯下看美人，红艳解语花。鬼魂相恋，感天动地。

小说结尾解释疑惑道：

> 张谓百禄曰："是矣，此地相传唐妓薛涛所葬，后人因郑谷蜀中诗有'小桃花绕薛涛坟'之句，遂种桃百株，为春时游赏之所。贤郎佳遇，必涛也。且所谓嫁平幼子康者，乃平康巷也。文孝坊者，城中亦无此额；而文与孝合为教字，谓教坊也，教坊，唐妓女所居，涛为蜀乐妓，故居教坊也。非涛而谁哉？

自此关于薛涛的传说进入了魔幻文学。

明代万历进士钟惺《名媛诗归》重复这个故事：

> 明洪武中，有进士田洙在府学读书，薄暮归，经薛涛坟侧。值桃花盛开，仿佛见一女子，邀至其家，与之联句，即以落花、秋夜等命题。

李昌祺的传奇小说《田洙遇薛涛联句记》，到了明代天启年间又被演绎成为凌濛初的拟话本小说集《二刻拍案惊奇》中《同窗友认假作真，女秀才移花接木》的开头。

> 张运使道："他说所嫁平氏子康，分明是平康巷了。又说文孝坊，

城中并无此坊，'文孝'乃是'教'字，分明是教坊了。平康巷教坊，乃是唐时妓女所居。今云'薛氏'，不是薛涛是谁？且笔上有'高氏'字，乃是西川节度使高骈。骈在蜀时，涛最蒙宠待，二物是其所赐无疑。涛死已久，其精灵犹如此。此事不必穷究了。"百禄晓得运使之言甚确，恐儿子还要着迷，打发他回归广东。后来孟沂中了进士，常对人说，便将二玉物为证。虽然想念，再不相遇了，至今传有《田洙遇薛涛》故事。

此段文字，道出凌濛初的拟话本小说与李昌祺传奇小说《田洙遇薛涛联句记》的前后承继关系。当然小说家言，是在史实上的改造与敷衍。

小子为何说这一段鬼话？只因蜀中女子从来号称多才，如文君、昭君，多是蜀中所生，皆有文才。所以薛涛一个妓女，生前诗名不减当时词客，死后犹且诗兴勃然，这也是山川的秀气。唐人诗有云：

锦江滑腻蛾眉秀，幻出文君与薛涛。

至于黄崇嘏女扮为男，做了相府掾属。今世传有女状元，本也是蜀中故事。可见蜀女多才，自古为然。

北宋学者陶谷《清异录》："蜀多文妇，亦风土所致。"

后蜀学才何光远《鉴诚录》卷十："吴越饶营妓，燕赵多美姝，宋产歌姬，蜀出才妇。"

种族、时代、环境，三要素决定了文化的传统。

唐代女诗人薛涛的传奇，到了明代时已经成为一种人鬼之恋的小说文本，虽然"其为谲诡幻怪，非可以常理测者固多也"，然而"其所捃摭，大都真切可据"。从社会文化心理的角度观察，这似乎让对薛涛的光晕膜拜成为历代文人墨客幻想的一个宣泄出口，当然这种宣泄又是通过文学描写升华成为白日梦的表现形式所反映的。

小桃花绕薛涛坟，亦甚为离奇。

清初文人王士禛《香祖笔记》载：

> 《漱石闲谈》云：成都有耕者得薛涛墓，棺悬石室中，四围环以彩笺，无虑数万，颜色鲜好，触风散若尘雾。夫涛死而以笺殉，笺在地下历千年不坏，皆理之不可信者，殆好事者为之耳。

纸寿千年，亦有说法。薛涛以彩笺殉葬，亦增添了薛涛坟的神奇。

凭吊薛涛坟次数最多的古人，是清代乾嘉时期西蜀大才子李调元。

李调元前后有十二首诗，分为青年、中年、老年三个时期吟咏薛涛。最后一首为他六十六岁晚年之作。

他十八岁时在《成都杂诗》中云：

> 乌鸦啄肉纸飞灰，城里家家祭扫回。
> 日落烟村人不见，薛涛坟上一花开。

这是李调元青年时，闲寄愁绪，在薛涛坟前别有一腔纯美滋味。

在他二十九岁，考中进士当上了翰林院庶吉士后，他在成都写下的《艳诗四首》里描述道：

> 人间正色夺胭脂，独有蛾眉世鲜知。
> 家在薛涛村里住，枇杷依旧向门垂。

该诗映射出清乾嘉年间，中年文人士大夫的审美价值取向，不爱浓妆尚天然的审美意象。

清水芙蓉，薛涛在此时已经成为一个由人任意想象的女性形象符号了。

李调元在六十六岁时，曾一口气作了十首诗吟咏薛涛，其中有句：

> 名士从来出济南，桐轩一语更奇谈。

美人不见空留水，得饮寒泉心也甘。

这一首诗记述李调元晚年时，同游者张桐轩以薛涛为崇拜偶像，这位从宋代著名女词人李清照家乡济南来的乾嘉名士，竟然为能喝上一口薛涛井水而感到欣喜万分。

这水神奇，甘冽，流淌着唐诗韵味，直抵肺腑。距离千秋的红颜，此刻潜行而来，宛如在目前。当然，这样影影憧憧的幻觉，俯仰之间，只有性情中人才能感受，才能看见。

真性情流露，卸下厚厚的文化面壳。

无独有偶，他的诗中还叙述了另一个故事，更为骇人。

李调元吟咏道：

才人万古总黄泉，我歇原由乏暂眠。
不识东庵有何愤，竟思哭倒拜坟前。

李调元的另一位同游者、乾嘉名士潘东庵，一见薛涛坟，如见隔代红颜知己，顿时不能控制情感，泪水滂沱，呼天抢地，七尺男儿，银发老朽，竟然哭拜于薛涛坟前，几乎昏厥。

在千年的礼教社会里，文人骚客们被压抑的性意识，在薛涛坟头找到了宣泄出口，一个替代的共同想象体。薛涛，已经成为一个艺妓文化的代码，一位大众情人，一个文人士大夫潜意识的印迹——永远的红颜知己。

对于大唐女诗人薛涛，李调元进入暮年后，已将青年时的一腔纯美、中年时的崇尚自然，化为含蓄深沉的顾惜垂怜之意了：

薛坟抛在麦田中，辟草全凭刺史功。
生与高骈缘不断，如今酹酒又高公。

此诗中的"高公"，为李调元的朋友华阳县的高若愚。

李调元晚年吟咏薛涛诗共十首，共有一个长长的诗题：

《三月初四日清明，华阳高君若愚同温汉台邀张桐轩、李延亭、潘东庵、萧恒斋及余与杜耐庵，出东门踏青，遂登白塔寺，至薛涛井并谒其墓，墓久芜没，华阳徐明府始为剪除，观叹久之。晚，高君置酒于真武宫，即席得诗十首》

清康熙三年（1664年），成都知府冀应熊始书"薛涛井"三字，立碑于井旁，现今尚存。

清乾隆六十年（1795年），成都学使周厚辕镌王建《寄蜀中薛涛校书》诗勒石于薛涛井碑之旁。

清嘉庆十九年（1814年），成都布政使方积与王启焜等，兴建吟诗楼、浣笺亭。

清明踏青、探薛涛井、扫薛涛墓，已成为清代成都文人士大夫们的一种雅俗。

二、漂海洋

唐代女诗人薛涛的诗歌与传奇，已经在东洋与西洋成为研究中国女性文学传统的文化文本，不断地得到承继、阐释、建构、解构与重构。

东洋——

1964年，日本学者辛岛骁出版《鱼玄机·薛涛》；1998年，日本学者中尾青宵出版《唐代女诗人薛涛诗日律译注》。

2014年10月，日本学者中尾青宵率团前来成都望江公园薛涛墓前祭拜，认为薛郧薛涛父女的联句，极大地影响了日本俳句。

2022年，日本出版《浣花溪的女校书 读薛涛的诗》，此著为日本薛涛研究会编著，收录总计九十三首诗作。书序："九十三首的细目是，明万历三十七年（一六〇九年）洗墨池刻本《薛涛诗》所收的八十三首是底本所录的作品——但八十三《四友赞》属于文章——剩下的十首是底本中没有收录的所谓集外诗。"

……

西洋——

1945年，美国作家吉纳维芙·魏莎（Genevieve Wimsatt，1882—1967）

《"芳水井"与"卖残牡丹"：薛涛与鱼玄机传记》出版。这部合传的著者魏莎致力于美国女性文化运动与中国文化研究，并且成就不凡。其中薛涛传记《芳水井》（*A Well of Fragrant Waters*），是英语世界中最早的关于中国唐代女诗人薛涛的生平介绍与诗歌翻译集。

1963年，美国小说家Evelyn Eaton的小说《请君试问东流水》，充满了对薛涛与当时诗人之间酬唱应和的浪漫想象。

1983年，美国学者Jeanne Larson的《中国女诗人薛涛：中唐女性生活与著作》，是英语世界中首部以薛涛为研究对象的博士论文。

2016年，美国学者Bill Porter的游记《寻人不遇》，以生动活泼的语言、夹叙夹议的方式记叙了他到薛涛故地朝圣的经历和对薛涛诗的理解。

……

三、日常里

她的名字映在锦江之上，附会在成都的休闲生活日常里。

千百年来，蜀人时时念叨着唐代薛涛，叙论着女诗人的传奇。

明万历三十八年（1610年），学者曹学佺的《蜀中广记》记述了在薛涛井的
见闻：

> 予庚戌秋过此，询诸纸房史云："每岁以三月三日汲此井水，造笺
> 二十四幅，入贡十六幅，余者留存。"

"农历三月三，薛涛芳魂返，素笺变彩笺。"传说只有在农历三月三上巳节
这天，薛涛井水漂出来的笺纸才是桃花色的。

制笺用笺是蜀人纪念薛涛的方式。品薛涛酒，亦为另一种纪念的方式。

清代乾隆年间，西蜀文人张问陶《朴园属咏薛涛酒》：

> 浣溪何处薛涛笺，汲井烹泉亦惘然。
>
> 千古艳才难冷落，一杯名酒忽缠绵。
>
> 色香且领闲中味，泡影重开梦里缘。
>
> 我醉更怜唐节度，枇杷花底问西川。

薛涛井所在位置，临近锦江且有卵石夹沙层相滤，其水源出自江底之泉，清凉、澄澈、甘洌。其水用以制笺、酿酒与烹茶，号为三绝。

薛涛井远在唐代就为锦江春美酒的优质水源。乾隆五十一年（1786年），时有酒商王氏兄弟汲薛涛井水酿出美酒，并命名为"薛涛酒"。

薛涛酒一经问世，美酒借芳名，名声大噪。

清代诗人冯家吉《薛涛酒》：

> 枇杷深处旧藏春，井水留香不染尘。
>
> 到底美人颜色好，造成佳酿最熏人。

"薛涛香干"，则是至今还在流行的成都特色美味小吃。

传说成都碧鸡坊薛涛故里旁边，曾住着一位石姓的小商贩，汲薛涛井水浸泡黄豆制作豆腐干，并用鸡汤、八角、花椒、辣椒等制作卤水烧煮豆腐干，取名"全鸡薛涛香干"。为使这种香干更加美味，他又用牛肉浓汤，加入八角、桂皮、山茶、花椒、生姜一起合煮，起锅后，加入黄酒、香油，然后缓慢风干，即成香气扑鼻、味道鲜美的"薛涛香干"。

薛涛井亦为蜀中名胜。旧《华阳县志·古迹》记载："嘉庆十九年（1814年）布政使方积等于井旁修筑亭台，颇称幽静。"又曰："井旁修竹曲径，疏篱小亭及石刻万里桥女校书一诗，是昔时已为名胜。"咸丰、同治年间，因兵燹渐废。

民国《华阳县志》记述：

> 光绪初，县人马长卿以回澜塔就圮，而县中科第衰歇，乃创议于井旁前造崇丽阁。阁凡五级，碧瓦朱栏，觚棱壁当，井干六角，塔铃四响。登高眺望，江天风物，一览在目。阁成，因即其旁构吟诗、濯锦两楼，及浣笺亭、五云仙馆、流杯池、泉香榭、清婉室诸胜。

崇丽阁，其名取自晋代文学家左思的《蜀都赋》："既丽且崇，实号成都。"

阁于光绪十五年（1889年）由蜀绅伍肇龄、罗应旒、马长卿等募款请建。

待官方照准后，由马长卿主事，延请郫县著名木匠杨燕如、杨前生叔侄担任正、副掌墨师，在濯锦、吟诗二楼之间设计兴建崇丽阁。这是成都官民大规模兴修纪念薛涛的新建筑。一时间，为成都文化盛事，街坊间奔走相告。因崇丽阁临畔锦江，成都民间称呼为望江楼。

光绪二十四年（1898年）重新培修吟诗楼、浣笺亭，并建五云仙馆、泉香榭、流杯池。

光绪二十九年（1903年）建成清婉室，并由华阳罗湘竖石刻薛涛道装像于室内，室前有小竹牌坊，上题"枇杷门巷"。

时有清代名儒伍生辉撰联一副：

古井冷斜阳，问几树枇杷，何处是校书门巷？
大江横曲槛，占一楼烟月，要平分工部草堂。

今天悬挂于成都望江楼公园正门的对联，为民国时贤陶亮生所撰：

少陵茅屋，诸葛祠堂，并此鼎足而三，饰崇丽，荡漪澜，系客垂杨歌小雅；元相诗篇，韦公奏牍，总是关心则一，思贤才，哀窈窕，美人香草续离骚。

大唐女诗人薛涛，千百年来，已然成为一种文化：在中国，唐、宋、元、明、清、民国，薛涛文化有光晕；在东洋，韩国、日本，薛涛文化有浸润；在西洋，英国、美国，薛涛文化有影响。

大唐女诗人薛涛，千百年来，她的传奇时谈时赞，她的诗歌弦诵不已，她的芳名映在锦江之上……

薛涛年岁	唐纪年	公元	蜀中事项	薛涛事项	薛涛作品	相关诗人事项
一	唐代宗大历五年	770		薛涛生。		杜甫卒。
三	大历七年	772				白居易生。刘禹锡生。
四	大历八年	773				段文昌生。
八	大历十二年	777		薛郧一家入蜀。		
九	大历十三年	778			续父《井梧吟》。	
十	大历十四年	779				元稹生。
十六	唐德宗贞元元年	785	韦皋六月辛卯充剑南西川节度使。	薛涛入乐籍。		
十八	贞元三年	787				李德裕生。
十九	贞元四年	788			与韦晋行《千字文令》。	
二十	贞元五年	789	韦皋奏请授薛涛为校书郎，未果。	韦皋罚薛涛赴松州，旋即释回。薛涛退隐浣花溪。	《罚赴边有怀上韦令公二首》《十离诗》。	
二十四	贞元九年	793				元稹明经及第。
三十一	贞元十六年	800				元稹与崔莺莺恋爱，旋即弃之。

薛涛年岁	唐纪年	公元	蜀中事项	薛涛事项	薛涛作品	相关诗人事项
三十四	贞元十九年	803	嘉州弥勒大佛石像落成。	薛涛参加落成典礼。	《赋凌云寺》二首	杜牧生。元稹登吏部乙科，授校书郎。元稹娶太子少保韦夏卿季女韦丛。
三十六	唐顺宗永贞元年	805	韦皋卒。袁滋十月戊戌充剑南西川节度使，未到即贬。刘辟十二月己酉充剑南西川节度使，得镇即反。	刘辟罚薛涛再次赴松州。	《寄词》	
三十七	唐宪宗元和元年	806	高崇文九月丙寅充剑南西川节度使。高崇文讨平刘辟。严绶进司空。		《贼平后上高相公》。与高崇文行《一字令》。	元稹策试第一，授左拾遗，旋为河南县尉。
三十八	元和二年	807	武元衡十月丁卯充剑南西川节度使。	薛涛被释回成都。	《续嘉陵驿诗献武相国》。	
三十九	元和三年	808	武元衡奏薛涛为校书郎。武元衡召段文昌为婿。段文昌离开成都入朝长安。	薛涛脱籍。	《上川主武元衡相国二首》。《赠段校书》。	
四十	元和四年	809	元稹三月授监察御史，出使东川。	严绶遣薛涛至东川晤元稹。时元稹年三十，薛涛年四十。	《四友赞》。	王建为荆南幕府从事，奉命出使成都。元稹七月移务洛阳。元稹妻韦丛同月卒。

薛涛年岁	唐纪年	公元	蜀中事项	薛涛事项	薛涛作品	相关诗人事项
四十一	元和五年	810		薛涛创制彩笺（一种深红色小笺）成功。	《赠远二首》。	元稹二月贬江陵士曹参军。
四十二	元和六年	811		薛涛由成都赴江陵晤元稹。	《谒巫山庙》《柳絮》。	元稹在江陵贬所纳妾安仙嫔。
四十四	元和八年	813	李夷简正月癸未充剑南西川节度使。武元衡返朝，临行前在成都作《西川使宅有韦令公时孔雀存焉，暇日与诸公同玩座中兼故府宾妓兴嗟久之，因赋此诗用广其意》。			
四十五	元和九年	814			《送卢员外》。	
四十六	元和十年	815	武元衡卒。		《摩诃池赠萧中丞》。	元稹正月自唐州还京。三月，出为通州司马。五月续娶裴淑。
四十七	元和十一年	816				段文昌自祠部员外充翰林学士。
四十九	元和十三年	818	王播正月辛亥充剑南西川节度使。		《浣花亭陪川主王播相公暨僚同赋早菊》。	白居易为忠州刺史。王建为太府寺丞。
五十	元和十四年	819				元稹入朝为膳部员外郎。

薛涛年岁	唐纪年	公元	蜀中事项	薛涛事项	薛涛作品	相关诗人事项
五十一	元和十五年	820			《忆荔枝》。	元稹为祠部郎中,知制诰。 段文昌入朝,赐金紫。
五十二	唐穆宗长庆元年	821	段文昌二月壬申充剑南西川节度使。 段文昌作《题武担寺西台》。		《段相国游武担寺病不能从题寄》。 《寄旧诗与元微之》。	元稹入翰林,为中书舍人承旨学士。旋罢授工部侍郎。刘禹锡为夔州刺史。
五十三	长庆二年	822	严绶卒。			元稹二月同平章事。六月,罢为同州刺史。
五十四	长庆三年	823	杜元颖十月己丑充剑南西川节度使。		《寄旧诗与元微之》。	冬,元稹转越州刺史,兼浙东观察使。
五十五	长庆四年	824			《牡丹》。	
五十八	唐文宗大和元年	827		薛涛迁居碧鸡坊。		
五十九	大和二年	828			《和刘宾客玉蕣》。	正月,刘禹锡授主客郎中、集贤直学士,归京。
六十	大和三年	829	南诏袭成都,大掠西南郊而去。剑南东川节度使郭钊,十二月丁未兼领西川。			元稹九月入为尚书左丞。
六十一	大和四年	830	王播卒。李德裕十月戊申充剑南西川节度使。		《酬杜舍人》。《棠梨花和李太尉》。	杜牧佐宣州幕。元稹正月充武昌军节度使。

薛涛年岁	唐纪年	公元	蜀中事项	薛涛事项	薛涛作品	相关诗人事项
六十二	大和五年	831			《筹边楼》。	元稹卒，年五十三岁。 刘禹锡出为苏州刺史。
六十三	大和六年	832	段文昌十一月乙卯再充剑南西川节度使。	薛涛卒，年六十三岁。		
	大和七年	833	段文昌抵成都，为薛涛撰墓志铭。			
	大和九年	835	段文昌卒，年六十三岁。			
	开成一年	836				王建卒，年六十九岁。 李肇卒，年不详。
	会昌二年	842				刘禹锡卒，年七十一岁。
	会昌六年	846				白居易卒，年七十五岁。
	大中四年	850				李德裕卒，年六十四岁。
	大中六年	852				杜牧卒，年五十岁。

此年谱以张篷舟《薛涛诗笺·薛涛年表》为纲，以周相录《元稹年谱新编》，尹占华《王建诗集校注》，朱金城《白居易集笺校》，陶敏、陶红雨《刘禹锡全集编年校注》为纬整理而成。

[后晋]刘昫等：《旧唐书》，中华书局，1975年。

[宋]欧阳修、宋祁：《新唐书》，中华书局，1975年。

[宋]宋敏求：《唐大诏令集》，中华书局，2008年。

[唐]段成式撰，张仲裁译注：《酉阳杂俎》，中华书局，2020年。

[唐]崔令钦：《教坊记》，中华书局，2012年。

[唐]李肇、赵璘：《唐国史补·因话录》，上海古籍出版社，1979年。

[宋]计有功：《唐诗纪事》，上海古籍出版社，1987年。

[元]费著：《笺纸谱》，中华书局，1985年。

[元]辛文房撰，周绍良笺证：《唐才子传笺证》，中华书局，2010年。

[唐]元稹著，周相录校注：《元稹集校注》，上海古籍出版社，2011年。

[唐]白居易著，朱金城笺校：《白居易集笺校》，上海古籍出版社，2020年。

[唐]刘禹锡撰，陶敏、陶红雨校注：《刘禹锡全集编年校注》，中华书局，2019年。

[唐]王建著，尹占华校注：《王建诗集校注》，上海古籍出版社，2020年。

[唐]杜牧著，吴在庆撰：《杜牧集系年校注》，中华书局，2008年。

上海古籍出版社本社编：《唐五代笔记小说大观》，上海古籍出版社，2010年。

周勋初主编：《唐人轶事汇编》，上海古籍出版社，2006年。

严耕望：《唐代交通图考》，上海古籍出版社，2007年。

张蓬舟笺，张正则、季国平、张雅续笺：《薛涛诗笺》（修订版），人民文学出版社，2012年。

彭芸荪：《望江楼志》，四川人民出版社，1980年。

周相录：《元稹年谱新编》，上海古籍出版社，2004年。

蒋寅：《大历诗风》，凤凰出版社，2009年。

傅璇琮：《唐翰林学士传论》，辽海出版社，2011年。

戴伟华：《唐代使府与文学研究》，广西师范大学，2007年。

戴伟华：《唐方镇文职僚佐考》，广西师范大学，2017年。

张仲裁：《唐五代文人入蜀考论》，中国社会科学出版社，2013年。

吴柯、吴维杰：《薛涛诗补注》，作家出版社，2013年。

应克荣：《细腻风光我独知——中唐女诗人薛涛研究》，黄山书社，2014年。

陈伯海主编，张寅彭、黄刚编撰：《唐诗论评类编》（增订本），上海古籍出版社，2015年。

陈伯海主编，查清华、胡光波、文师华、刘晓平、傅蓉蓉、许连军编撰：《唐诗学文献集粹》，上海古籍出版社，2016年。

姚继荣、姚忆雪：《唐宋历史笔记论丛》，民族出版社，2016年。

汪辉秀：《薛涛史话》，四川人民出版社，2021年。

[美]吉纳维芙·魏莎著，卢婕译注：《"芳水井"与"卖残牡丹"：薛涛与鱼玄机传记》，四川师范大学电子出版社，2021年。

[日]薛涛研究会詹满江编：《浣花溪の女校书：薛涛の诗を読む》，汲古书院，令和四年（2022年）三月二十四日。

图书在版编目（CIP）数据

薛涛传 / 谢天开著. —成都：天地出版社，2023.5
（四川历史名人丛书. 传记系列）
ISBN 978-7-5455-7470-8

Ⅰ. ①薛… Ⅱ. ①谢… Ⅲ. ①薛涛（768—832）–
传记 Ⅳ. ①K825.6

中国版本图书馆CIP数据核字（2022）第224559号

四川历史名人丛书. 传记系列
XUETAO ZHUAN

薛涛传

出 品 人	杨　政
作　　者	谢天开
责任编辑	李　倩
责任校对	曾孝莉
封面设计	今亮后声
电脑制作	跨　克
责任印制	刘　元

出版发行　天地出版社
　　　　　（成都市锦江区三色路238号　邮政编码：610023）
　　　　　（北京市方庄芳群园3区3号　邮政编码：100078）
网　　址　http://www.tiandiph.com
电子邮箱　tianditg@163.com
经　　销　新华文轩出版传媒股份有限公司

印　　刷　河北鹏润印刷有限公司
版　　次　2023年5月第1版
印　　次　2023年5月第1次印刷
开　　本　710mm×1000mm　1/16
印　　张　19.75
字　　数　325千字
定　　价　65.80元
书　　号　ISBN 978-7-5455-7470-8